# 相遇是選擇
# 離別是決心。

——王牌律師的離婚案漫畫日記

如果——婚姻告訴你愛的喜悅，

那麼離婚會教給你——愛的苦痛！

現在，為了我——自己，離婚吧！

文字——趙仁涉　插圖——朴恩禪

# 目錄

## Chapter 1
### 成為專辦家庭法的「專門律師」

# Chapter 2

### 今天你的臉格外陌生

# Chapter 3

相遇是選擇，離別是決心

# 前言

懷抱成為律師夢想的我,終於在努力用功下通過司法考試了

在司法研修院認識了一位律師前輩

然後,我在前輩的事務所裡看到了
許多兒童和女性們的痛苦經驗

那些人是瘋了嗎？為什麼把孩子打成這樣……？

可是這樣一來，孩子們該何去何從？

父母是犯人嗎？怎麼會這樣？必須要處罰他們才行

他們都是需要幫助的人，所以我才會做這份工作……

仁涉啊，妳想不想來這裡工作看看？

好……！我想在這工作！

這是身為律師的我更往前一步的契機

許多的被害人雖然有許多的故事

但都有一個共通點

就是不知道自己現在該怎麼做才好・・・

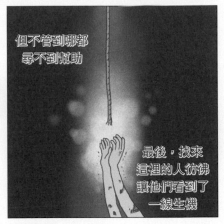

對於被害人在沒有正確的認知下

幫助他們脫離這種情況
就是我的職責

您來對了，
就讓我告訴
您該怎麼做

今天我也一如往常，為了工作坐在書桌前

# 有點不一樣的路，
# 我是「離婚律師」

　　司法研修院的前輩跟我說，有一間專門處理家事、兒童受虐、性暴力案件的事務所。那時，是我第一次聽到這個領域。聽到有專門處理家庭法的事務所覺得很新鮮，而且能夠感受到這是一份很有意義的工作。

　　結束司法研修院的學習時，我的電腦實力僅停留在使用文書軟體的水準。我不會將照片插入履歷表的技術，所以我只好先將履歷表列印出來，再將照片直接貼上，然後帶著它前往事務所。當時收到履歷表的事務長雖然勸我好幾次「既然都來了，就順便面試吧」，但我認為人和人之間的關係須以禮儀為重，而禮儀就是所表現出的服裝和語氣，我做不到遞交履歷表後，穿著牛仔褲就進去面試。

　　之後雖然有正式面試，不過很可惜工作機會已給了別的律師。原本帶著遺憾的心情離開，沒想到原本錄用的律師因為私人因素無法上班，所以機會又回到我這裡了。

直到後來才知道，事務長對我婉言謝絕面試的樣子非常欣賞，並把我推薦給事務所代表，我就這樣成為這間事務所專辦離婚案件的新人律師。

在事務所遇見的大多數委託人，都能從他們身上明顯感受到「這輩子遭遇重大變故」的極大壓力。離婚，讓這些沒去過警察局、或連法院附近都沒去過的人站上了法庭。委託人必須說出個人最隱密的婚姻生活，包含受到對方哪些嚴重攻擊的折磨，因此他們很渴望勝訴。我一邊安撫委託人不安的內心，也為了把辯護內容準備完善，所以比預定的工作時間提早一個半小時到事務所上班。除了平日加班外，週末也會去上班，根本沒有時間休息。那段時間與其說是辛苦的回憶，更多是希望幫助委託人有個新的開始，做出最大的努力以收取合理的費用，那是一段非常有意義的時光。

一開始負責的案件是事務所長期未結案的事件，委託人提供數十件證據也都沒有整理，連寫在便條紙上的婚姻問題也都毫無章法，因此無法輕易掌握是怎樣的事件，或是從怎樣的觀點所展開的事件。特別是用小叔名義所購入的不動產，應該列入夫妻財產分割的部分，但委託人的先生卻一直主張那間不動產本來就是小叔的。為了那個案件，我連國定連假也都去事務所準備辯護的內容。當時還因為事務所的暖氣是中央空調，連假時冷氣不能調整，我

的支氣管被冷空氣凍傷了。多虧辛苦完成的資料，最後那間以小叔名義購置的不動產才被承認是夫婦財產分割的一部分。在家事案件中，他人的不動產以個人名義信託為由，包含在夫妻共有財產的情況實在非常少見。

特別在女律師還不多的年代裡，我就當上律師。曾在各種家庭暴力商談所、性暴力商談所講授法律課程，也做過商談，負責不同於在法庭上進行辯護的活動。

而我也經常獲得在各種討論會、研討會上分享自身看法的機會。我一直在同個領域鑽研，並取得博士學位，登上法協家庭法專門頭號律師，成為離婚繼承專門法律事務所代表，也在法律系教授家庭法課程。我遞交履歷表成為新人律師的那天仍記憶猶新，沒想到一轉眼，居然已過了17年，真是歲月如梭啊！

Chapter1

# 成為專辦家庭法的「專門律師」

# 韓牛攻防戰

這裡是位於某寧靜平和鄉村裡的小法院

看起來祥和的地方，發生了一起離婚事件

被告席　原告席

然而···

看著這一切的我···

這附近大概也沒地方可去吧！

看來我太早抵達了，周圍連間咖啡廳什麼的都沒有！

所以在輪到我的審判前，
都在旁聽前一場的審判

就在那時，被告的律師站了出來！！

啊！原來如此，那麼就先讓名品韓牛協會去實際調查市價

審理先到這告一段落

今天就到這結束，請準備下一場審判

啊！居然在這結束？

真可惜，這樣就看不到之後出來的判決了

名品韓牛的市值究竟會是多少呢？

認真

律師 趙仁涉

不過，我到現在還是會時不時想起這件案子・・・

## 誘導離婚的老公

辛苦工作完一回到家中，
最先迎接我的

就是脫下來捲成一球球的襪子
和到處亂丟的衣物‧‧‧

掀起來的馬桶座墊、溼答答的毛巾、鏡
子上都是牙膏的痕跡、骯髒的洗手台

髒亂不堪的地板、餅乾屑，四處都有
待洗的餐具‧‧‧

還有背對著睡覺的你

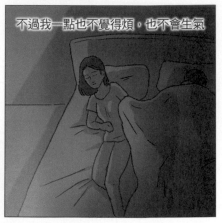

不過我一點也不覺得煩，也不會生氣

因為我知道你的目的是想讓我生氣

他是故意的

他想要製造離婚的理由，要我先忍不住開口

嗯~看來您的內心受了不少苦・・・

請問・・・您知道他的外遇對象是誰嗎？

她的老公外遇，
所以要故意製造離婚的理由

我不清楚，好像是在工作上認識的‧‧‧我並沒有想告小三

等他清醒了，一定會再回來的

我老公，就算他外遇也都會回來睡

大概他擔心離婚問題太多，會對自己不利才這樣‧‧‧

委託人想要守護這個家，而且也深深相信她的丈夫

到目前為止，我還是認為很有希望

是

律師，我說的沒錯吧？目前還是很有希望的對吧？

是的，一定有希望

就算萬一沒有，我們也要製造希望出來

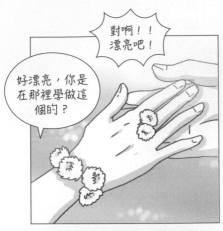

我和老公是高中同學

他從那時候就很常黏著我，還說要跟我上同一所大學，所以拼命念書

他突然出現在我家門口，還一副不修邊幅的樣子

大一結束的寒假，他說因為忙，所以有一段時間不能和我見面，就在我看來像是分手的時候···

他突然出現在我家門口，還一副不修邊幅的樣子

事後我才知道，那一個月他都在打
工賺錢，為的就是要買戒指給我

那時他從軍中寫給我的
信，足足有三大箱吧？

我到現在還留著，偶爾也會拿出來看
看，但最近實在太忙了就遺忘了···

提到那時候的回憶，委託人不禁淚從中來

· · · 那時候 · · ·
那時的回憶還歷歷在
目 · · · 他是很好的
人 · · ·

怎麼會 · · · 會
對我說這樣的
話 · · ·

一直爆粗口和羞辱丈夫的言行，妻子
不照顧家庭，只煮泡麵給小孩子

到了離婚審判當天

接下來開始
進行離婚審判

委託人的丈夫相當冷漠

・・・

雖然他坐在妻子的旁邊，
但卻都不看她一眼

他的律師誇大了訴狀裡寫的內容，
並訴請離婚

由於媽媽不好好
照顧孩子的生活起
居，內心出自於愧
對孩子，所以決定
離婚！

雖然已對這種情形做了心理準備

以公司工作忙碌為
由，沒有履行身為
母親的義務，

並且動不動就
對老公大呼小
叫・・・

顫抖

但當碰上現實時，委託人還是感到很難受

不管誰聽了都只會覺得是為了想
要離婚而硬掰出來的理由

不確定先生的主張，以過於誇張
的部分進行辯論

也許先生想的是，我們會反駁他的
主張進行辯論

妻子這邊也用盡辦法，充分地收集
先生外遇的證據

委託人和我準備了另外的東西

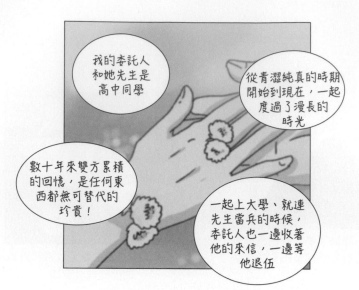

我將突然昏倒的爸爸送進手術室後，
手足無措坐著等待的時候

他氣喘吁吁跑來的模樣，
到現在都還很記憶猶新

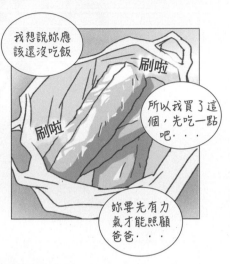

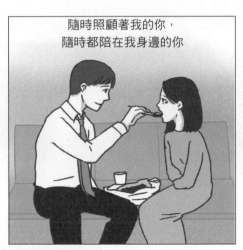

偶爾比我自己還更了解我的你

結婚的那天，小孩誕生的那天，

第一次搬家的那天，你都優先考慮到我

從某個時刻開始，我似乎把你的愛
視為理所當然的

其實你也很累，也想有個依靠

但我似乎一次都沒有問過你

她先生在那次審判後，取消了離婚訴訟

也沒有再進行審判，
而我的辯護也就結束了

可是，先生與小三的關係藕斷絲
連，無法一下子結束。
幾年後又再度向妻子提起離婚訴
訟，但審判日當天先生卻沒出席，
也沒聘請律師，看得出來他對離婚
的意志並不明確。
我的委託人為了守護家庭，
終究不答應離婚。
我也真心地祈禱，希望我的委託人
能戰勝困境，得到幸福。

# 孩子的扶養費

我的碩士論文是跟
扶養費有關的題目

過去離了婚之後，若是
對方不給扶養費，真的
很難拿到

所以當時就扶養費修訂了家庭訴訟
法，而扶養費也獲得大家的關注

當我還是新人律師時期，
有位女性來了律師事務所

他只跟我說他的公司倒了，
所以沒錢給我

民智的媽！妳說妳前夫一直沒給妳扶養費對吧！？

對啊，他說公司倒了・・・

我聽說妳前夫買了一顆比手指甲還大的鑽石給新老婆

那女的之後還有好幾棟公寓！

妳前夫應該沒破產，妳再問清楚一點吧！

不過仔細想想，我前夫之前也說過以後財產要轉移

看來應該是把財產轉到那女的名下，才會說自己沒錢

可是我不知道要用什麼方式才能證明・・・

所以我才找來這裡

您的選擇是對的，我來幫您瞭解實際的情況

每個月會寄300萬韓元（約台幣7萬5千元）給我

我會給足妳養兩個孩子的費用

300萬韓元！

我向妳保證

我也是相信他才離婚的，但連100元都沒收到過⋯⋯

我餓了沒關係，但很對不起孩子。連生病都無法接受完整的治療！

好，謝謝您！嗚嗚嗚

⋯⋯我會盡我所能讓您拿到扶養費的

資料上顯示，前夫還真的是兩袖清風

於是我聲請強制執行

強制執行是執行扶養費判決結果的訴訟，本身並沒有太大的意義

被告向原告承諾每個月會給300萬韓元的扶養費，但對方卻一次都沒有履行過

連聲請強制執行也依舊完全不付扶養費

我也想給啊，但我真的沒錢嘛！！

您是真的沒錢嗎？

我連一毛都沒有啊！！

‥‥我知道了，那麼我要請求聲請管收

聲請管收？那是什麼？

就是你會被收押在拘留所或看守所一個月

什‥‥什麼？！哪有這樣的！？

在不履行強制執行的情況下，是可以聲請管收的

等等‥‥

前夫的態度180度大轉變，從那之後就開始支付扶養費

由於他申請個人破產情況下，所以只寄來200萬韓元，跟當初約定好的金額少了100萬韓元。

對於無法讓委託人獲得約定好的300萬韓元，我內心深感抱歉，但委託人還是寄了謝禮給我

在當時，離婚後是拿不到扶養費，即便當
事人委託律師也不易獲得。
幸好韓國在2014年，制訂了扶養費履行確
保與支援相關法規，
2015年創建了扶養費履行管理院。現在隸
屬於扶養費履行管理院的律師透過訴訟救
助幫忙獲取扶養費。
不過，在離婚後對不願給付扶養費的人提
訴訟請求扶養費之事，依然不容易。

## 你應該要知道的家庭法律常識

**Q. 什麼是個人破產？**

A. 依我國「破產法」第1條第1項之規定，債務人不能清償債務者，應依該法
所規定之「和解程序」或「破產程序」，清理債務。現今實務上，債務人有
不能清償債務之情形時，當事人直接聲請法院為債務人破產之宣告為常態。

**Q. 什麼是聲請管收？**

A. 當事人可以對方不給付扶養費、有財產之名義，向法院聲請強制執行財
產追討扶養費。如果對方有在工作賺錢，卻以本人無財產名義的情況下，惡
意不給付扶養費時，就可以先向法院請求「聲請管收」。聲請管收是由拘留
所或看守所來執行拘留，即「收押」。與拘留意思相同，最長能扣留30天。
即便能拘禁對方，卻無法留下前科紀錄。不過，管收在拘留所或看守所可視
為「拘禁」的一種，也能造成對方內心莫大的恐懼。當然也有人的想法是
「寧願以身試法，也不願給付扶養費」，因此只要遲遲未給付扶養費，就能
無限次聲請管收。所以，這不是只要關一次出來就能解決扶養費的問題。
在臺灣法律上，「聲請管收」是指向惡意債務人拘留的一種方式。但有限制
次數，且拘留時間不得超過三個月，與韓國法律有些不同。

# 被遺棄的孩子

離婚後前夫起初還讓我去探望幾次，之後就不讓我和孩子見面了

聯絡中斷後，我曾去前夫家找過幾次，但家裡總是空無一人···

忍受不了的我，打聽到孩子的學校，想直接過去找看看

在一所小學裡尋找我的孩子

看到孩子後我受到不小的打擊，邋遢的衣
服和髒兮兮的臉

如果不是她先叫我，我可能會認不出
她就此錯過了

孩子先注意到吃的東西···

孩子站在路旁倉促地把麵包吃完

孩子迅速地把麵包吃完後，
邊哭泣邊說著

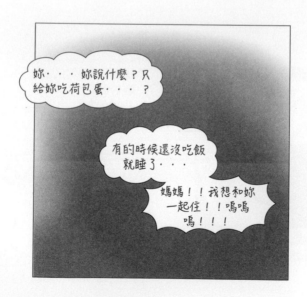

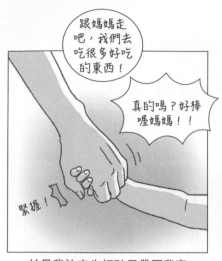

於是我決定先把孩子帶回我家

弄飯給她吃、幫她修剪指甲、
讓她穿新衣服

然而，事情並沒那麼輕易解決，孩子的爸在我家門前守候多時

總之，法律上孩子的監護權原是給爸爸・・・

因此孩子又再度回到爸爸那邊

就這樣，我全力以赴打「改定監護權」的訴訟。

執行訴訟的同時，孩子也接受法院的心理檢查

不知是否因為爸爸和家人給的壓力，她的表情總是很難過

理由是目前的生活沒有需要改變

雖然藝珠的
監護權最終是判給了爸爸，

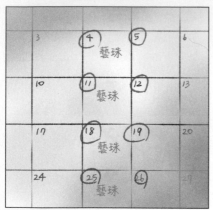

但是，我獲得了每週一次
兩天一夜的探視權

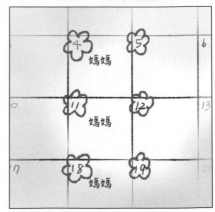

通常會面是兩週一次，但現在獲得了
每週一次的機會

所以藝珠每週會和媽媽見面一次，

晚上母女倆就會抱著一起睡。

過了幾年後

不知從哪個時候起，
藝珠幾乎都住在媽媽家

就這樣，委託人和前夫
達成了協議，開始能和
女兒一起生活

 你應該要知道的家庭法律常識

**Q.如何申請改定子女監護權？**
A.當發現取得行使監護權的一方，未盡保護教養的責任，或是對未成年的子女有不利的事情（如家暴等等），都可由另一方、子女或社福機構向法院請求改定監護權。

**Q.上小學的孩子在前夫家疑似遭受到虐待，除了口供外，還有其他能證明的方法嗎？**
A.在處理受虐兒童案件中，最重要的是要先聯絡「專門機關」請求協助（可撥打110、113通報）。因為考量到要將孩子的話錄音作為證據，而不斷讓孩子重複同樣的話會影響「口供的真實性」，不建議此方法。年齡越小的孩子要是讓他重複陳述，孩子的記憶會造成偏差，也就不能當作證據使用。
當發現孩子受到身體上的虐待時，須先拍照存證，再聯絡兒童保護專門機關請求協助，這是最適當的做法。當然也要帶孩子到醫院做治療，且請醫師開立診斷證明書。當醫師懷疑孩子有遭受虐待的傾向，就會向警察等調查機關申告，自然也會開始進行調查。另一方面，當兒童是受到精神上的虐待，當然也有能夠評斷孩子心理的方法，最重要的是請先聯絡專門機關。

# 離婚能為孩子做的，就是守護他們的心

　　在法庭上進行離婚訴訟時，會將未成年子女們稱為「案件當事人」。子女們雖然不是原告或被告，但都是與案件有直接關聯的當事者，在離婚訴訟中若遭受忽略和冷落，很容易讓他們受到傷害。

　　我看過許多離婚案件中的子女們，都真切感受到父母離婚的背叛和憤怒。有位媽媽懷第二胎足月快要生產前，正與搞外遇的先生打離婚訴訟。第二胎從出生開始，就明顯感受到家庭氣氛的不合睦，而家長在怒氣包圍下也毫無察覺對孩子會有什麼負面影響。很多孩子從小有自閉、把手指頭咬到流血、憂鬱等傾向，就是因為生長在父母爭吵不停的家庭環境裡。

在爭奪子女扶養權的時候，雙方都堅持由自己扶養，結果比起「子女們」，經常看到的人們都是自私的貪念、抑或是絕對不要輸給對方的想法。那時身旁的建議、商談等都聽不進去，就在爭吵之下離婚，子女們也因此受到傷害。雖然不清楚夫妻關係是否會因離婚畫下休止符，但子女們會因父母的探視權而延續這份關係。

　　在過程中，對彼此間的惡意留下的殘影，會原封不動地反應給子女們。就算探視時間只有十分鐘，晚一點就會打給對方父母，並在孩子旁以大聲威脅的口吻說話。也有子女們為了和朋友出去玩，向父母更改探視時間，但父母會利用「這是我們總統訂下的權力，如果不見面，媽媽就會進監獄」來威脅孩子見面。

　　究竟是為了子女們的探視權，還是為了折磨前配偶的手段呢？對孩子來說，這樣的關係需要看父母的臉色，父母若能放下對彼此不滿的情緒，將會感受到孩子受傷的心情。難道雙方要一直因對彼此憤怒而讓孩子傷心嗎？

　　也是有父母離婚後反而找回情緒安定的孩子。曾處理過一個極嚴重的家暴案件，一位5歲大的孩子不明原因的血尿，而這孩子在媽媽離婚脫離家暴後，也找回情緒的安

定，身體狀況也一起變好。就算媽媽忙於處理離婚，也會時時刻刻關心孩子的情緒反應。

　　不論在什麼樣的狀況下，能確定的是「孩子是無辜的」。為了孩子好，應以「孩子」為優先，撇開對雙方不滿的情緒。也不要在子女面前斥責對方：「你就是這種人啦！」就像是對孩子說：「你就是這種人的孩子！」孩子總是把父母所說的話都認為是在說自己。即便有滿腔怒意，也絕不可以在孩子面前責怪對方。


　　我們應該要透過探視權，讓孩子不要忘記父母的臉，讓他們持續保有這份記憶才是。有時也會有父母提及「趁子女年紀還小時，忘記對方不是更好嗎？」不過就算小時候的他們，也會產生「爸爸（或媽媽）把我丟掉都沒來看我」的想法，有很多孩子一到青春期就會感到混亂迷失了方向。


　　先不管兩人的關係會如何，仔細考慮珍貴的子女們。就算要離婚，拜託也別讓孩子們受傷，請將傷害減到最低。

# 學歷高的人就不會家暴？！

原告結婚後，長期以來遭受先生家暴！

被告以暴力言詞（不堪入耳的字眼），並丟東西或甩巴掌對原告進行加害

被告，這是真的嗎？

不是這樣的，法官大人！！

我畢業於第一首府法律系，我的委託人則畢業於第一首府醫學系

## 遇強則弱，遇弱則強

打起精神來・・・

咦~朴律師，崔律師怎麼了？？？

新人律師們

在法庭上・・・對方律師大呼小叫、亂說一通，所以她被嚇到了・・・

什麼啊？

他說了什麼！

誰都知道他們處於下風，大概是看情況對自己不利，他突然就亂說了起來

真好笑，妳就盡量說吧！妳就是用虛假辯論欺瞞法庭

愚弄委託人的律師！

大發雷霆

那位律師直到結束都很有禮貌

# 家暴案，警察也成了幫兇

在我還是新人律師的前2、3年裡，
曾經手過與家庭暴力有關的
國家賠償案

那天的事到現在依舊歷歷在目

我覺得太委屈、太生氣了，我忍受不下去了

但是我沒有足夠的力量，請您幫幫我⋯

就算去警局報案，他們也都不理會！我該去哪裡申訴呢？嗚嗚嗚！

請您先冷靜，慢慢地告訴我，究竟發生什麼事？

我妹妹，妹妹她⋯

委託人是被害人的哥哥

委託人有一個很疼愛的妹妹，
生活上兄妹倆相互扶持

妹妹和再婚的先生住一起，而且她
和前夫有一名小孩

可是再婚的先生

只要一喝酒
就會施暴

每當那時候，妹妹要不就是報警，
要不就是躲到哥哥家，由哥哥報警

接獲報案的警察一到，哥哥就認真
地向警察說明詳情

即便被害人報警多次，也無法獲得
法律的保護

老公施暴的情況越來越嚴重，
還持凶器揮舞

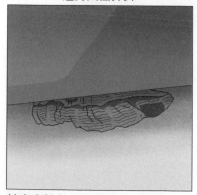

被害人趁老公回家前，用報紙把刀
捲起來，藏到櫃子底下

但是某天，被害人因老公突然回
家，而且又被施暴了

趕緊帶著孩子逃了出來

隔天上午，等到老公去上班的時間

被害人才回去拿所需的物品

但是，前一天喝酒喝到凌晨的老公卻沒有去上班，而且在家依舊是酒醉的狀態

老公手上拿著來不及藏起來的刀，往被害人身上砍

結果被害人

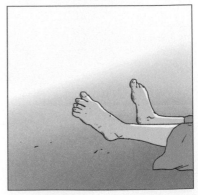

慘死在老公的刀下

孩子也在爸爸的亂刀下受了重傷，
幸好撿回了生命

被害人的哥哥已經不相信警察了

所以他決心要向國家和警察
討回一個公道

這就是以國家為對象，
要求損害賠償的開始

所以我和我事務所的律師們
準備訴訟

這一定是
場艱難的
硬仗

這真的太難
以接受了

不過被害人因
為在無法獲得
幫助下死去

我拼命地準備訴訟

與家庭暴力犯罪懲處有關的特例
法，裡面的項目我重複看了好幾遍

該法第5條（針對家庭暴力犯罪的
緊急處置）的內容如下

如果再發生家暴，可聲請臨時措施

1. 暴力行為的制止、分離行為人和被害人與犯罪調查。
2. 引導被害人的家庭暴力相關商談所，或是保護措施。
3. 需要緊急治療的被害人引導至醫療機關。
4. 當再度發生暴力行為時，根據第8條須告知被害人可以申請保護令。

但是被害人卻沒獲得其中任一項的保護

就只能逃到哥哥家，或是在深夜裡光著腳、抱著孩子在路上徘徊

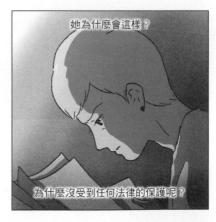

她為什麼會這樣？

為什麼沒受到任何法律的保護呢？

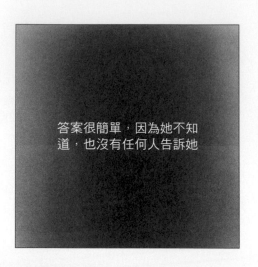

答案很簡單，因為她不知
道，也沒有任何人告訴她

在法律上，當接獲家暴求救的警察
出動時，必須將這些告知被害人

若妳擔心老
公家暴

可以申請
保護令

不過當時的員警就算到場好幾次，
也沒告知被害人這些內容

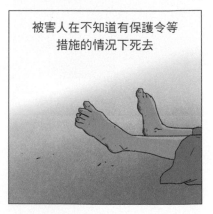

被害人在不知道有保護令等
措施的情況下死去

被害人在老公不斷家暴下報案好幾次，結果在未能獲得保護下身亡

如果警察到現場有告知能夠申請保護令等措施，也許就不會發生這種憾事了！！

終於到了開庭當天，我從法庭出來獲得許多來自女性團體支持的力量

我們也很無奈啊，就算法條上這麼寫

我們在現場也沒有能夠馬上行使的權力啊

我們也沒什麼能力！

警察又不是什麼都能做的啊！

警察也只站在警察自身的立場辯解

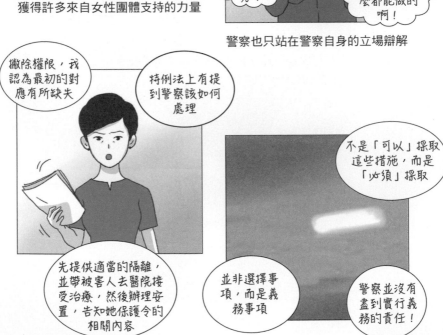

撤除權限，我認為最初的對應有所缺失

特例法上有提到警察該如何處理

先提供適當的隔離，並帶被害人去醫院接受治療，然後辦理安置，告知她保護令的相關內容

不是「可以」採取這些措施，而是「必須」採取

並非選擇事項，而是義務事項

警察並沒有盡到實行義務的責任！

審判經歷了很長一段時間，
也開庭無數次

也傳喚了被害人的哥哥到法庭上當證
人，證明當時的情況

我報案了幾次

警察說反正他
只有喝了酒才
會那樣！！

那天也是一樣
的情形！！

許多人長時間持續辛苦的奮鬥

然而，長時間努力所盼來的審判結果

而判決結果依
情況來看

警方並無
重大過失

居然是敗訴

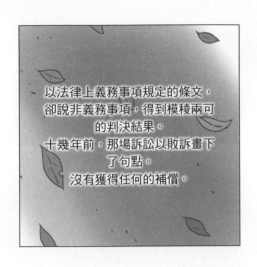

以法律上義務事項規定的條文，
卻說非義務事項，得到模稜兩可
的判決結果。
十幾年前，那場訴訟以敗訴畫下
了句點。
沒有獲得任何的補償。

過了這麼多年，社會情況漸漸改
善，比以前更懂得善用保護令的臨
時措施，也加重對加害者的罰責

不過，偶爾想到那起案件，我腦海
裡就會浮現被害人夜晚逃命的腳
步，到現在內心仍會隱隱作痛

## 醫師老公的祕密

一到二十歲後段就一直冒出痘痘,讓我很困擾

**網頁**
http://cafe.never.com/skinheaven
這是專為有皮膚煩惱、到醫院去未獲得改善的人,所設立的部落格,現職醫師們會直接為你們解答。

我吃下醫師推薦的營養品後痘痘就都沒了！真是太感謝了！

我按照醫師教的方式保養皮膚後，膚質超級動人，真是太開心了！祝醫師賺大錢！！

不像是廣告・・・也沒賣東西

感想都很棒！哇！這個人真的差好多耶！

這個人的症狀完全和我一樣？！

After

一個半月內就改善這麼多，真的很謝謝醫生

太厲害了，我也要加入！！

我就這樣加入了這個部落格

哇・・・這比去醫院說得還詳細・・・

留言 皮膚科醫師 朴忠憲
要敷保濕的面膜，也建議您補充點保健食品，當長痘痘時不要一開始就貼痘痘貼，直到它變白都不要用手去摸它喔

我的症狀一上傳，馬上就有一位醫師很親切地為你解答

哇！太厲害了！

全都消失了！！！

我按照部落格教的方式做，皮膚真的獲得許多改善

皮膚好到周遭朋友
都會詢問的程度

秀賢小姐～您好

聽說您的皮膚改善許多，真
是太好了。如果明天有空，
方便見面嗎？

不過秀賢小姐的皮膚真的好了很多，就像白玉一樣漂亮

啊？是嗎？

這全都是醫師您的功勞啊，哈哈～

看起來是最近大學生們的校慶～

真的耶，好像還有酒吧的攤位・・・

這邊→
工大酒吧

工大酒吧
瑪格麗煎餅

我念醫大時校慶真的很好玩，因為我們都是一群只會念書的摸範生，對玩樂不感興趣

教授就拿出獎金，叫我們不管是唱歌或彈吉他都行，逼我們玩

獎金嗎？太扯了！

對啊，因為孩子們太想要獲得獎金了

所以就很認真玩

結果成為那年校慶的傳說！

噗哈哈哈！！

你說頭轉嗎？

那也是在那時期才有的，哈哈哈...

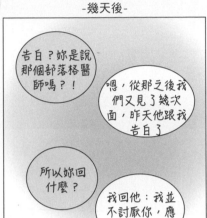

-幾天後-

告白？妳是說那個部落格醫師嗎？！

嗯，從那之後我們又見了幾次面，昨天他跟我告白了

所以妳回什麼？

我回他：我並不討厭你，應該可以！

不過，那個人真的是醫生嗎...？

他也有可能是假扮的？！

不是在網路上認識的嗎？如果他是騙人的怎麼辦？

所以我就向與那個人就讀同一間醫大的醫師打聽消息

朴忠憲，皮膚科醫師，真的有出現耶！

看來是我多慮了・・・

因為自己的猜疑，對那個人感到很抱歉

我們戀愛了幾個月，就步入禮堂了

新郎，您願意與新娘白頭偕老嗎？

我願意

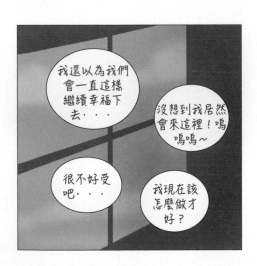

我還以為我們會一直這樣繼續幸福下去・・・

沒想到我居然會來這裡！嗚嗚嗚～

很不好受吧・・・

我現在該怎麼做才好？

奇怪的是自從結婚之後，他從沒帶
我去過他上班的醫院

好奇的我不說一聲就跑來醫院了

我假裝來看診等待叫號

可是，坐在診療室裡的卻是陌生人

了解後才知道原來老公和他同名同姓，他謊稱自己是醫生

大學時期的故事、校慶故事等，全部的故事都是另一個人的故事

即便判決結果撤銷婚姻成立，但委託
人所受到的傷害是無法撤銷和補償的

## 律師的辯護不利當事人

對方律師是說了什麼？

# 大人的失誤造成小孩的創傷

在我初次擔任律師時，兒童性暴力
還是個很陌生的概念

所以對於兒童性暴力的制度也不多

就在某天，有位女士來請求協助

要錄下被害者陳述的內容,把攝影機架設在孩子面前,讓她敘述被害的過程

可是就是一直錄不好

所以孩子就必須講好幾次受害的過程

結果被害兒童必須敘述好幾次
遭受性暴力的過程

還被問了不恰當的問題

由於被害兒童在調查過程中錄影好幾次

就必須反覆好幾次陳述被害事實

也因此受到精神上的折磨，根據這部分請求賠償

就這樣進行了國家賠償請求訴訟，展開了審判

我們也不是因為故意傷害她才錄的

法律有規定，我們也是逼不得已的

該法制訂的原因是為了不用做太多次的陳述，

兒童們在陳述的過程中會清楚想起當時的經歷，使他們不得不再次經歷被性侵的過程

就是為了避免這樣的發生，所以才要錄影

可是你們卻因錄影而反覆讓兒童陳述好幾次，這完全是背離法律的宗旨

性暴力被害者這輩子都必須把著那傷痛生活，調查機關卻又在傷口上灑鹽，這是不對的！

最後委託人獲得了國家賠償，訴訟也在
此告一段落

然後過了幾年，我擔任了大韓律師協會
的人權委員

那時，發生了一起令眾人憤怒的案件

小女孩遭受到相當殘忍的性暴力對待

大韓律師協會對該案進行調查並
展開會議討論

讓被害兒童多次陳述遭到性暴力的過程

這分明是不當調查

被害兒童接受調查時會感到相當痛苦！

這案件應該向國家請求損害賠償吧？

對，必須要訴訟，這樣他們才會改進

啊···不過這種案例之前也發生過···

趙律師之前不是處理過類似的案子且勝訴嗎？

是的，之前是對被害兒童因攝影機操作不當請求國賠勝訴

那麼這個案件也交由趙律師您負責如何？

好的，沒問題

也因為這樣，我又負責了與兒童性暴力有關的案件

與幾年前相比，情況改變了，非但沒變得更好，反而更加惡化

被害兒童受了重傷，進行了好幾個小時的大手術

手術之後沒過多久，被害人還在寒冷的冬天裡接受檢察官的調查

就算被害人是坐著，但必須在不熟悉的地方，接受好幾個小時的調查

不是無法一次錄好，就是錄音也無法一次完成，只因為對機器不熟悉

結果被害兒童在痛苦的情況下，進行了四次被性暴力的過程陳述

我代表被害兒童向國家提出賠償訴訟

審判結果為國家賠償成立

這個案件的訴訟就到這落幕了

然而不久後，沒想到我獲得女性家族
部長官獎的表揚

但我內心開心不起來

其實做這些事是理所當然的，但卻
成了值得嘉獎的事

## 在新人時期，克服敗訴創傷的方法

我好像沒有成為律師的能力

我好像沒有成為律師的能力

我就會很自責

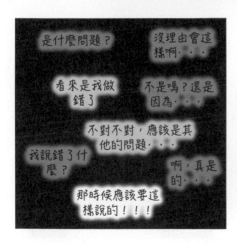

是什麼問題？

沒理由會這樣啊‧‧‧

看來是我做錯了

不是嗎？還是因為‧‧‧

不對不對，應該是其他的問題‧‧‧

我說錯了什麼？

啊，真是的‧‧‧

那時候應該要這樣說的！！！

為了繼續律師這條路，必須找出克服敗訴時傷痛的方法

唉呀‧‧‧

酒先下肚再說

在微醺時忘卻煩惱，久而久之就會
忘掉憂愁，繼續努力生活

隔天迎接我的就是宿醉不適

再加上我那尚未消去的傷痛

我會向朋友們尋求建議

但是，我不管做什麼心情都無法好轉

那瞬間我懂了

撫平傷痛的方法

# 家庭法的頭號律師

我從小就是很認真的孩子,而且也
都獲得很好的成績

進入法律大學並獲得法學碩士學位

又繼續攻讀研究所

我是寫扶養費相關的論文,
也順利拿到碩士學位

準備博士論文真的太累人了

然後博士論文沒有通過

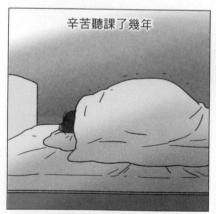

在論文繳交期間熬夜了兩個月準備，
居然沒通過審查

再度與論文奮鬥

論文方向改為「繼承」，然後認真
的研究撰寫

然而又經過了幾個月，終於在隔年…

我的論文終於通過了，可以畢業了…

從辛苦的過程中
獲得成果

以家庭法的專門律師
獲得認可

所以韓國在2016年新增「新專門
領域制度」，大幅縮小專門領域，
並應用更嚴格的標準

原來的專門律師制度並未訂定具體
的評價基準，專業信賴度不足

這過程中，我成為家庭法專門頭號
律師。那段時間的辛勞就像獲得了
補償，真是既開心又榮耀啊

# 離婚律師的婚姻

　　家庭法專門律師是專辦離婚、繼承案件。特別是在我最初展開律師生活時，專門處理離婚案件的律師並不多見。在當時將大多數律師處理的離婚事件，朝向「離婚案件專業化」發展，是令人難以想像的。當時我正在思考未來之路時，有位律師前輩給了我建議：「離婚案件不管是誰都可以辦，因為門檻低，比起其他案件會更好上手不是嗎？」

　　不過我更想要專辦離婚等家事案件，我對兒童虐待、性暴力案件也很感興趣，所以我從2004年起，就到主要處理離婚的家事案件事務所上班。2009年最初在大韓律師協會中有了此專門領域時，我當然也取得「離婚律師」資格。

雖然我決定朝向離婚律師的方向前進，但這條路卻不容易。其實我從司法研修院畢業後，29歲才開始從事離婚律師的工作。因為未婚，再加上年紀不到30歲，在處理離婚案件時，大多數的委託人都抱持著「天啊！妳還這麼年輕，妳能了解我的心情嗎？」「妳有孩子嗎？」等疑問。甚至調解委員曾問過我：「妳結婚了嗎？」連婚都沒結過，居然來當離婚律師！

　　諸如此類的話我聽了非常多，當時未婚的我為了在這領域生存下來，我必須要加強我的專業性。所以在大韓律師協會所開設的每堂課程都會去上，上研究所時相關的研討會和討論會也都認真參加，努力提升我的專業性。在這樣的情況下，2016年大幅度強化既有的專門領域制度，基準也變得嚴苛，在這過程中我取得了「家庭法專門頭號律師」頭銜。

　　正式成為家庭法專門的頭號律師，還獲得在大韓律師協會報紙上連載「跟趙律師來學學家庭法」的文章。過沒多久，我撰寫的繼承相關論文也通過了，取得博士學位，並登錄為「繼承專門律師」。

我在那段時間結了婚且生下一個孩子，也經歷婚姻生活的壓力和波折。在未婚時處理案子時，曾想過「一定要經歷過才會懂嗎？」但當我實際進入婚姻生活後才瞭解，有些事情「一定要經歷過後才會知道」。經歷多少就會看到多少，我透過自己的婚姻生活，大幅提升了對委託人的理解。

　　回想起來，經歷過許多歲月，年紀的增長也是使我在從事律師工作中，能夠更加理解各種生命的最大優點。現在如果不是離婚、繼承領域，我真的想不到我該選擇怎樣的領域，真慶幸我選擇了這領域，感謝那時邁出第一步並堅持下來的自己。

Chapter2

今天你的臉
格外陌生

## 終於開業了！

當我開始律師生活後，就將自己終
身奉獻給事務所般賣力地工作

但過了幾年後・・・

因為各種事情，就決定離開這間已
經有感情的事務所

擔憂如浪潮般襲來

就在那時，正好爸爸的同事打電話來：
「他上班的事務所有一間空房間。」

爸爸長年在檢察院上班，離開檢察
院後主要負責刑事案件和醫療訴訟

他是個典型的原則主義者

看著總是執著於正義
的爸爸

我很尊敬他，感覺他就像一座
雄偉的高山

在告訴爸爸我的艱難處境後，
幸好他允許我使用那間空房

要是我鬆懈下
來，也會給爸
爸添麻煩

現在律師越來
越多，我一定
要存活下來！

必須要好好
做，不能有
失誤！

就這樣負擔了房租費用，然後在辦
公室工作，心也更加安定了

有困難的案件進來，使我滿頭大汗

獨自一人工作比想像中不容易

連簡單的案子也會發生意想不到的問題

每當這時爸爸就像顆巨石，以一個可靠的前輩身分給我許多建議

隨著時間累積，我也有所成長，成為獨當一面的執業律師

同時我也在向身為律師的爸爸學習，在任何困難時刻都能堅守原則的信念

之前很難或很累人的案件，也都能輕易解決了

除了出庭的行程外，
我還從事講課等活動

因為我想要成為那些不懂法律
而無辜的受害者的力量

並告訴他們在困難時能尋求
的法律諮詢管道

然而，在悠閒的日子裡，我會在辦
公室一個人安靜地

····畫著漫畫

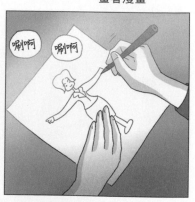

把枯燥難懂的法律，以漫畫的方式
呈現，讓大家能夠更輕易地接受

我認真地畫起漫畫

結果畫到可以集結成一本書的數量，
並且出版了

雖然現在在韓國沒有販售了，
但是是我花費很多心力完成的

就這樣執業了5年

因為案件不斷地一直進來，所以我
打算擴大事務所

就這樣把事務所法人化，
然後改了一個新名字

我反覆思考取什麼名字較合適

最初事務所的名字是'LAW CNC'，
CNC是CHO（趙）和CHO（趙）
的意思

這個名字表示爸爸和我共同
工作的事務所

不過爸爸處理的案件和我處理
的案件性質太不相同

我幾乎整天忙於工作，即便辦公室
在隔壁，父女倆也很難見上一面

然後就必須增加人手，所以以
「趙&趙」命名好像不太適合

和朋友討論後，想到了一個合適的名字

我成立了「法務法人新世界路」，一個以家事案件專業化為主的事務所

最開始有好幾位同事，他們有各自負責的領域

不過自2016年我成為代表律師後，就壯大僅處理離婚繼承案件的事務所

我再次下定決心，成為一位遵循道義並全力以赴的法律人

## 監護權的演變史

十餘年前，我剛成為律師的時候

光是那時候，專辦離婚等家事
案件的事務所很少

而且對於親權監護權或是財產分配
等認知，與現在有很大的不同

在當時親權監護權的認知，
當然是爸爸的

當委託人聽到媽媽也能有親權監護
權時,都會嚇一大跳

大概是無法置信吧!所以會再三確認

以前的想法會認為爭親權就像在爭孩子

親權是父母為未成年子女之法定代理人

當子女成年後這個權限就消失了

即使媽媽擁有親權，子女依舊在爸爸的戶籍上，姓氏也不會改變

不可以！就算這樣我也絕不能把親權給她！

他們是我的孩子！是我們家的子孫！！！

天啊！

不管怎麼說明，人們的認知沒那麼容易改變

扶養費一個孩子是20萬韓元（約台幣5100元）

20萬韓元嗎？

那時對於扶養費的制定也相當少

20萬韓元我要怎麼養孩子・・・？

是叫我和孩子餓死嗎！！

131

一個孩子20萬韓元，這扶養費
也太少了吧

在當時扶養費一個孩子最少50萬
韓元（約台幣1萬3千元），多則
100萬韓元（約台幣2萬6千元）

如果對方不按時支付，經濟將會陷
入拮据，許多離婚家庭總是有經濟
困難的問題

當時離婚是件孩子被奪、
陷入貧窮的可怕事情

許多人才因此忍受痛苦的婚姻生活

在大部分的案件裡，先生負責房
子，太太則負責傢俱

財產分配的是夫妻「婚後」的財產

公寓的價值可能持平或上漲

結婚生活不長的情況，就是將各自
帶來的財產再帶走

但傢俱用品就只能以二手價格出
售，價格會掉一半以上

就算對雙方來說都有原因而離婚，
但女方損失很大

不過現在與16年前有很大的轉變

然而那時候會視為理所當然

對不合理的離婚結果，
產生不公平的認知

現在法律修改了許多地方

持有財產也要分配！

婚姻期間有2～2年半以上，就會分配特有財產

請預估價值後分配！

也會估計嫁妝的價值做財產分配

特有財產本來就不該分配

我的委託人賺的錢為何要分配？

都是我一個人賺的！

點頭
點頭

就算世界不斷地轉變，仍會碰到秉持早期判決為主的律師

因為妻子在結婚生活中有所貢獻，

所以特有財產也要分配

對親權的認知也產生了很大的變化

在過去會認為離婚時親權被搶走，
就是孩子被奪去

養育孩子的那方會認為，擁有親權和
監護權是理所當然的事

以前會認為親權較會給爸爸，
不過最近反而是對媽媽比較有利

與16年前相比，離婚正以
公平合理的方向做改變

但是偶爾也會發生意想不到的事

時間是在2006年不動產價格
暴漲的時期

想當然是如此，在離婚過程中也會請
雙方將公寓賣掉再做金錢分配

夫妻倆覺得現在賣掉太可惜，
因此拒絕

也有因為這樣，留下共同名義
的財產然後離婚

2008年因房地產價格大跌，
而事情有所變化

許多人打算馬上將房子脫手

想以當下的價格清算的情形也是家常便飯

前妻的立場改變，乾脆捨棄不動產

因為房價暴跌，許多人都將不動產推給對方

但在2010年，不動產價格又再度上漲

雙方再次聲明自己要擁有不動產

*事實審言詞辯論終結前：以審判
結束時的公寓價格作為分配基準

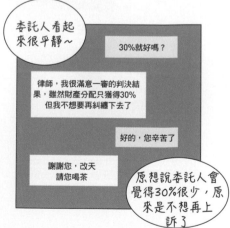

喝下午茶的時間比想像中來得快，
因為委託人的前夫上訴了

上訴時前夫的立場顯得相當委屈

141

由於飆漲的不動產價格也含括在
內，所以法官判定財產重新分配

我的委託人也因此分到了更多的錢

就這樣，也因為在巨變的不動產價格下有人
哭、有人笑，進而衍生出了許多案件，
直到現在也是一樣

為了跟上時代的變化，
法律和判決也是不斷地改變。

在變化萬千
的世界裡

我發誓要成為
正確處理各種
案件的律師。

**你應該要知道的家庭法律常識**

**Q.家庭主婦離婚後，在財產分配中家務勞動也能受到認可嗎？**
A.許多全職主婦會認為自己沒有「經濟貢獻價值」，會問說這樣能分配到財產嗎？其實是可以的。只是，「全職主婦」也能分到50%嗎？這就不一定了。這會根據財產多寡、婚姻時間、財產形成和貢獻程度有所不同。最高法院案例中，婚姻時間長達2年半以上，會承認全職主婦的貢獻度。為了獲得更多家務勞動貢獻的認可，需要擁有各種證據。要是結婚時帶了很多嫁妝過去，就要列出嫁妝清單和各種收據，還有開始婚姻生活的證明，長時間親筆記錄的家計簿等，都能成為證據。每天親自製作三餐、或在購買不動產時，看房期間所有的交通花費及買入時的證明、日記等，也都能成為證據。

# 遺產繼承糾紛

以前有這麼一句話:「10隻手指頭
　都咬破,沒有一隻是不痛的。」

如同10隻手指頭般,父母對每個子
女的愛都是一樣的,

但承接了無數的繼承案件後,產生
了這樣的想法

非獨生子女的狀況下，
就會產生繼承問題，

原因是有很多人只將財產
留給特定的子女

若是再婚的情況，
這個問題則會更明顯

財產不給前配偶的子女，只留給再
婚配偶的子女情況更為常見

律師您好，我想
要打遺產繼承分
割的官司

您好，好的，
這邊請···

律師，這張
紙...是我父親
的遺囑

嗯嗯，好

啊！原來全都給兒子繼承呀

哥哥只說了他很忙，
就把一切都丟給我負責

但是卻一毛都沒留給我

因財產糾紛而聯絡上哥哥，就這樣開始上
法院，沒想到情況朝極端的方向發展

要是訴訟進行幾個月、幾年，兄弟姐妹之間的感情就會完全消失

因受到父母的差別待遇而感到受傷

若財產繼承能夠公平分
配的話，就能避免
這種悲劇了

這只是我過於
天真的想法吧

 你應該要知道的家庭法律常識

**Q.不滿意遺產繼承內容，透過訴訟一定能獲得平等的分配嗎？**
A.依民法1138、1223條有關繼承的規定，被繼承人在沒有遺囑的情況下，遺
產會以「應繼分」平均分配，其優先繼承順序：1.直系血親卑親屬（配偶、
子女，若他們已過世，則由孫輩代位繼承），2.父母，3.兄弟姊妹，4.祖父
母。反之，若遺囑另有指定人繼承，都不能違反「特留分」的法律規定，其
特留分的比例：
1.直系血親卑親屬之特留分，為其應繼分1/2。2.父母之特留分，為其應繼分
1/2。3.配偶之特留分，為其應繼分1/2。4.兄弟姊妹之特留分，為其應繼分
1/3。5.祖父母之特留分，為其應繼分1/3。所以遺產若只給特定子女繼承，而
其他繼承人無法獲得的情況下，可以進行「遺產繼承分割」或「請求返還特
留分」訴訟。

## 疑心病重的妻子

某個夏天，來了一位男性委託人

這行業做久了，都會有點感覺。從他的臉看來像是長期被某事折磨

我結婚到現在剛滿3年···

透過相親遇見老婆，我很喜歡她進而結婚···

家庭都很正常，岳父和岳母也都很好

在眾人的祝福下，舉行婚禮

問題是在婚後兩年左右發生的

哇！老公，這看起來很好吃耶！

瞭解狀況後,才知道她說的是站在
遠處身穿黃色洋裝的女性

那時候我只單純認為那是
妻子的忌妒心

所以好好安撫她也就沒事了

幾天後的晚上，我在客廳
悠哉地看著電視

那時候我才明白

妻子有些不對勁

帶她去醫院的診斷結果是患有妄想症

律師，同事不只問我一個，她也問過很多人···

之後我就沒再跟那位女同事說過話了···

啊~真是委屈您了

我也問過妻子是不是因為這個原因才懷疑的，也解釋過了，但不管我怎麼說，她都很生氣

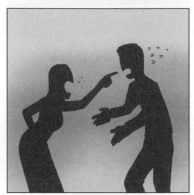

你騙人，我要去告訴你周遭的人

她也不去醫院，還說我誣賴她是精神病患，要將她趕走跟別人結婚

親朋好友只相信妻子的話，因為平時她都很正常

她甚至在我公司網頁上留言，大家都躲著我，特別是女同事們，都不敢靠近我

若問她們應該也得不到答案，她們都儘可能地避開我

159

因此進行了離婚訴訟，
判決結果因為婚姻破裂
的原因在於妻子，宣布
離婚成立。
委託人向我道謝後離開
了法庭，但失去家庭的
傷痛和無法挽回的名
譽，若要恢復還需要很
長的一段時間吧！

# 只要我在，媽媽就會很辛苦

說了不能那樣，明明不能說那種話

那時我真的是太累了

我沒想到會因為這樣傷害到孩子

因為孩子有好幾個月不在我身邊，我太想念他了，我一看到他就衝過去抱他

我以為孩子一定也會緊抓著我不放

我抱著他的時候，他突然這麼說

我們夫妻倆幾乎沒有一天不吵架

拜託···都已經幾天了，蒼蠅那麼多！

你快拿去丟掉！

常常為這種芝麻小事爭吵

而老公也經常推延家事和逃避

我才剛下班，也讓我先喘一下吧···

又來了，我就知道你會這麼說，你只會出那張嘴。就只有你累嗎？我也是要上班啊！

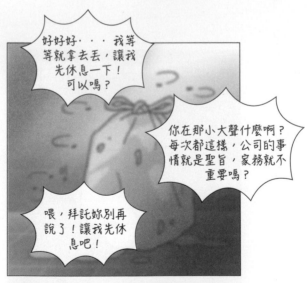

好好好···我等等就拿去丟，讓我先休息一下！可以嗎？

你在那小大聲什麼啊？每次都這樣，公司的事情就是聖旨，家務就不重要嗎？

喂，拜託妳別再說了！讓我先休息吧！

就這樣開始爭吵，結果雙方都惡言相向

聽到那句話的瞬間，
我的血壓立即飆升

當下滿腦子都是想像的畫面

離婚後我獨自照顧孩子

也因為工作和家務忙得團團轉

而前夫輕輕鬆鬆地工作，
在職場上順利升遷

然後還認識了其它女人

委託人離開後，腦中
湧進許多思緒

......

想起之前的某個離婚案件

那個案件，夫妻雙方都互喊著自己
不要養小孩

所以，協調失敗

結果法官大人生氣了

但是他們都深愛著孩子

只是因為對雙方有意見，為了要使
對方痛苦，才說出不要照顧孩子

當然，孩子並沒有被領養

受到家庭創傷的是孩子

看似年紀小什麼都不知道，但其實
孩子們都會看父母的臉色

這創傷就永遠留在孩子的心中

媽媽
對不起你

真的！

都是媽媽
的錯

律師，為什麼
妳還不遞出離
婚訴狀？

是進行不
順嗎？

我想···您老
公或許會再次
聯絡您

是嗎？

如果他真的想離
婚，我會立即寄
出訴狀的

夫妻決定再次一起生活

夫妻一起去婚姻諮商，為了家庭努力改變

能有幸福的人生

# 我就知道那個人變了

　　就算是經過深思熟慮後才決定離婚，但離婚訴訟是個極為艱難的過程，要持續進行是件很不容易的事。離婚訴訟與一般的訴訟程序不同，需經過夫妻商談、家事調查等程序，因此訴訟期間會拉長。

　　當夫妻接受商談時解開對彼此的誤會，決定再度一起生活，而在這種情況下一般會撤銷訴訟。不過，想將雙方的承諾寫成書面，就要做一份離婚協議書，像是每個月要付多少生活費、子女的教育費由誰負責，一一寫出具體的細項，每週一次和子女一起的相聚時間等計畫也要寫進去。

　　不過也有因為訴訟時間太漫長又太累人，就像看不到盡頭，在中途就撤銷訴訟了。或是年幼的孩子一直吵著想看爸爸或媽媽，對方犯錯的記憶也已經模糊，在「他是孩子喜歡的爸爸，就一起生活吧」的想法下撤銷訴訟，或是

感受到經濟獨立比想像中並不容易，再度回歸家庭的情形也有。


　　不過對方在沒有真心道歉或反省下撤銷訴訟，幾年或是幾個月後很容易再次重蹈覆轍。每當那時候就會聽到：「那個時候我如果聽從律師建議不要撤銷的話」或「我就知道他不可能那麼容易改變」這些話。如果是因性格差異，但抱持著相互磨合的決心撤銷離婚訴訟，也許還有恢復的餘地。但如果是家庭暴力，則會因暴力的習性不會改變，如果幾個月後對方又開始施暴、做出不當行為時，會抱著「被抓到過一次，不會再被抓第二次」的心態將所有證據消滅，然後持續暴力的行為。

　　我也看過離婚後還維持夫妻的關係，他們是結婚超過30年的再婚家庭。雖然在子女的糾紛下離婚，但法官大人囑咐說：「兩位即便離了婚，也希望您們能像朋友般彼此照顧。」其實他們兩人相處非常融洽，就算離婚也能彼此照應生活。

　　在夫妻相處中，即使曾經痛恨到要離婚，但心中仍然很期待對方的改變。要是看到離婚後依舊能維持家人的模樣，就會覺得夫妻的緣份真的很奇妙又剪不斷！

## 這似曾相識的感覺

一位男性來到我的事務所商談

這情況還真是無奈，
也沒辦法為他辯護

# 相約來打離婚訴訟

正在進行離婚訴訟的某位女性

就這樣，妯娌間一同進行離婚

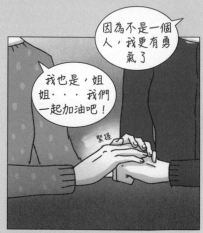

妯娌一起展開的離婚訴訟，成功地
畫下句點

某天，之前勝訴的委託人

又再度前來拜訪

這次是二女兒要離婚

在辛苦的時刻有人可以依靠，
是件很幸福的事

也有跟著職場同事過來委託的

如果不是離婚案件，
這些人就不會站上法庭

每個案件裡都有一個個傷心故事，在
面對這些案件，我都盡我最大的努力

# 錢都不見了！！

某位委託人因為要離婚來到了事務所

我要離婚，因為要財產分配
所以查看了我的帳戶

錢全都不見了

所以我去問了我妻子

看起來是把錢都拿回娘家了···

該怎麼辦,那是我的全部財產

訴訟過程中會查明的!您不用太擔心···

好的···再拜託您了

幾天後,我接到那位委託人的來電

律師!律師!天啊!

現在事情大條了!我的天啊!

該怎麼辦呢?律師!

是什麼事呢?!

我的妻子把房子也拿走了!

她將我的行李都寄放在搬家中心!

啊啊···所以怎麼了呢?!

棉···棉被!

趙仁涉

棉被怎麼了嗎?

棉被!棉被!

?!

我把錢藏在棉被裡面!

182

棉被好好地安置在搬家中心

在進行離婚訴訟的同時，也查出太太將財產轉移到娘家

法庭上是不能說謊的！知道嗎？！

這樣是犯法的

對不起！

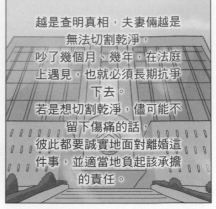

越是查明真相，夫妻倆越是無法切割乾淨，吵了幾個月、幾年，在法庭上遇見，也就必須長期抗爭下去。若是想切割乾淨，儘可能不留下傷痛的話，彼此都要誠實地面對離婚這件事，並適當地負起該承擔的責任。

 **你應該要知道的家庭法律常識**

**Q.離婚前，配偶似乎在轉移我的資產，辦法阻止嗎？**

A.許多人在想要離婚時，都會找尋一些能減少財產的方法，所以都希望在出庭前將財產移轉並藏匿起來。若進行審判，基本上會對3年內的財產（不動產、銀行存款、保險、股票交易等）進行調查，就算財產全部移轉也都會被查明。

「離婚」一詞說出後，若有提取鉅額現金或是財務遽增等情形，在未適當原因說明下，都會被列為財產分配的項目。當財產移轉的事跡被發現，反而會給法官留下負面的印象。因此在審判前將財產移轉並不是個好方法，若想阻止對方財產移轉，可以在審判前先向法院聲請「假扣押」，禁止對方進行「脫產」。

# 複雜的情婦們

委託人遞出照片

當我回到家，
看到房間異常的乾淨

我覺得很奇怪，所以就調閱監視器。結果就看到那女人從車上下來，進到家中的畫面

您老公承認了嗎？

啊，我沒給他看。因為他很聰明，擔心他知道後會被他刪除‧‧‧

嗯，瞭解

他笑著回答說

我也相信他的話

外遇對象有4個

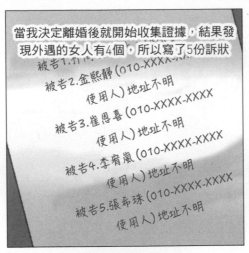

當我決定離婚後就開始收集證據，結果發現外遇的女人有4個，所以寫了5份訴狀

被告1.TXX XXX
被告2.金熙靜 (010-XXXX-XXXX
　　　使用人) 地址不明
被告3.崔恩喜 (010-XXXX-XXXX
　　　使用人) 地址不明
被告4.李宥嵐 (010-XXXX-XXXX
　　　使用人) 地址不明
被告5.張希珠 (010-XXXX-XXXX
　　　使用人) 地址不明

外遇女子們知道彼此的存在嗎？

很想知道他會不會出現，他已經好幾天沒回家了・・・

您先生最近都沒回家嗎？

是啊，有一星期了吧？情況變成這樣，大概是逃跑了吧！

如果開庭時他沒出現怎麼辦？

然而,終於到了開庭日當天

我和我的委託人、4位外遇對象
和他們的律師

全部共有10個人出庭

他似乎選擇了低頭認錯

開始審判時，他的所做所為
全都公開了

他說他只愛我，而
且會馬上離婚，要
我等他‥‥

-情婦1-

-情婦2-

每次見面他都送我
禮物，我們也有一
起去旅行

他說因為要離婚，
正和妻子分居，才
把我帶回家裡

-情婦3-

他說每個月會給我
零用錢，並按時匯
錢給我

-情婦4-

在監視器、通訊對話、照片、禮物等許多
證據下，委託人的先生也坦然承認外遇

我全認罪，
這都是我的
錯‥‥

和他們外遇，
我感到很懊
悔，也在反
省‥‥

幾天後，來到調解日當天，全部的人又再度聚集，不過・・・

大家都到了嗎？

是的，12位全到齊了

啊，該怎麼辦呢・・・

這該怎麼辦呢？一般不會有這麼多人・・・

調解室裡的位子不夠

而且這裡已是最大間了・・・怎麼辦？

塞窄

必須從隔壁搬些椅子過來了・・・

就這樣克難地進行調解，大家為了
保護自己也費盡心思

最後訴訟的結果是委託人與先生離婚了，
情婦們要付損害賠償

我到現在還忘不了筋疲力盡的委託人最後
的發言。長時間忍受另一半不當的行為，
她的心情又是如何呢？

## 你應該要知道的家庭法律常識

**Q.配偶似乎外遇了，若暗中收集的外遇證據能在法庭上使用嗎？**

A.有很多種方法能證明外遇行為，其中最常被使用的就是手機訊息截圖、對話錄音。當
外遇者的手機在上鎖的情形下，若擅自用圖形或密碼解鎖後獲得對話內容，就屬於非
法證據，恐觸犯刑法第358條「妨害電腦使用罪」等違法行為，因此會受到刑事處分。
如果是偷錄先生和外遇對象的談話內容，有可能觸犯「通訊保障及監察法」。

不過在離婚案件中，非法證物也和其他證物一樣，能夠證明對方有外遇行為，也可以
被當作有效證物。但對方若提出刑事告訴，當事人就會受到刑罰，因此在取得證物要
使用之前，須和專業律師商議後再使用。

## 還愛著婚外情的老婆

才想說怎麼時常加班...

接了那通電話我才知道，原來老婆對我說謊...

律師...我該怎麼辦才好...

您一定很難受吧，看起來像是外遇

是...

您有什麼確實的證據嗎？

因妻子外遇來到事務所的委託人，妻子的外遇對象是她的同事的委託人，妻子的外遇對象是她的同事

我把孩子託給我媽後，開車到那傢伙的公寓前等到半夜

因為她說會睡在公司的值班室

結果早上她從那男人的家中一起出來

手牽著手，還有說有笑

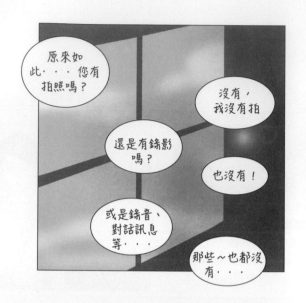

我沒有證據，光靠我的證詞會很難打官司嗎？我看到他們兩個早上一起從家裡出來···

對方是不會承認的···所以才要證據。我們先從獲取證據開始，您覺得怎麼樣？

啊···原來如此

還是有什麼事嗎？請您說說看吧···

啊···好！事實上···

我很害怕打了官司，老婆就會完全離開我···

要是她知道我來這裡，一定會很生氣，從此不回來了，怎麼辦？

就算要打官司，我也只想對那個男人。我想瞞著老婆警告他・・・

不過・・・要她不知道似乎很困難・・・

是的，一旦進行訴訟就很難完全隱瞞・・・

嗯嗯

顫抖顫抖

因為您妻子是當事人，所以她必須出席法庭・・・

我很愛她，我並不希望因為訴訟而造成她的傷害・・・

也為了孩子，不想這個家庭破碎

是・・・

204

就算外遇也有不會反省的人,但也有人
因為外遇而改變,為了恢復關係而努力
著,我只希望能創造出委託人所希望的
好結局

# 律師的真實工作

　　雖然我比誰都要認真研究和學習，但絕對會碰到法典上和課堂裡學不到的案件。在律師事務所開業與周末在法扶中心負責法律諮詢的時期，我經手到一個令我這一生都忘不了的案件。這是身為一個律師、人類所感受到許多的情感和煩惱的案件，我原想用圖畫來說明，不過擔心一不小心就會畫得太煽情，所以決定用短文敘述。

　　某位中年女性和女兒一起來到事務所，因「孩子遭到爸爸性侵」離婚後，爸爸堅持一定要由他本人扶養女兒。為了能坦率地談話，我請媽媽先到外面等候，由我和女兒單獨面談。孩子說她上小學五年級時，仍與爸爸一起睡。孩子看起來很畏懼，而告白的內容也相當衝擊。她說爸爸把手伸到她的內衣裡，還觸碰她敏感的部位，孩子很艱難

206

地訴說著。爸爸的行為已超過一般父女間的身體接觸，當孩子說完後，可以確定爸爸的行為無疑是性侵害。

　　為了將孩子的證言做為證據，我陪同孩子來到專門機構做證言錄音。孩子說的和在商談時說的內容一致，於是機構充分地斷定此陳述有證據能力，而警察以「親屬性侵害」罪名拘押孩子的爸爸。同時，除了向他提出「刑事訴訟」外，還有親權、監護權變更請求訴訟，就這樣正式進入困難又漫長的訴訟過程。

　　不管是誰一旦進行訴訟，都難免會向律師表現出歇斯底里的情緒。這母親嚴重到難以承受的地步，因為母親患有「邊緣性人格障礙[1]」，一天會打好幾通電話來宣洩她的委屈、不安和憂鬱。我瞭解她是怎樣的一個人，所以我也不掛斷電話，一天和她對話好幾個小時，但她的情緒起伏很激烈，很多時候很難真的談到話。有時會突然發火把電話掛斷，隔天又哭著請求原諒，不斷地重複這些行為。雖然很困擾，但我想到必須要救孩子，就堅持下來了。

---

1.患者出現長期的不穩定行為，容易被周遭認為不正常，例如：不穩定人際關係，不穩定自我認知及不穩定情緒。它的主要特徵是精神上和行為上的極端對立表現的同時出現。（資料來源／維基百科）

警方偵訊完孩子後，便隨即展開調查。孩子突然對媽媽說，爸爸之前還對她做出更過分的行為，現場所有人都嚇呆了。那時候從來沒想過會在這裡出現問題，後來才知道孩子長久以來都不被關心。而孩子在經歷心理諮詢和警察調查後，看到大家聆聽她說話並表現出驚嚇的反應，竟然非常興奮。雖然一開始說的是事實，但孩子漸漸地誇大描述和編造事實。對我而言，第一次聽到的事實，孩子依舊是明顯的性侵害。不過法官認為孩子在陳述重要部分時說謊，所以視為不可信，爸爸的性侵害嫌疑因此宣判無罪。

　　爸爸的性侵害事件獲判無罪，所以變成孩子必須要回去跟爸爸同住。但孩子在那狀態下回去，我認為這結果對孩子太過殘酷。刑事上爸爸雖獲判無罪，但要說沒有性侵也太過率強，因為是透過孩子的陳述才會拘押她父親，接受刑事審判。在這種情況下孩子再次回到爸爸家，就算爸爸接受了孩子，但很擔心其他家人會如何看待這孩子。我說服法官在這種環境下孩子絕對無法好好成長，而法官也接納我的主張，以為這樣監護權就會判給媽媽了。

　　可是，當法官要宣告判決的瞬間，坐在我旁邊的母親說：「我沒辦法扶養孩子。」全部的人都目瞪口呆地看

向媽媽，媽媽又再次很果斷地說：「讓爸爸扶養吧！」這瞬間就像是時間靜止的電影，雖然我拍一下她的大腿示意「拜託別再說了」，但她表情沒有任何變化。

「不可以，不可以讓爸爸扶養。」我向法官大人表明立場，法官大人看著我說：「當事人都這麼說了，原告律師妳何必這樣。」我雖然很無力，但不得不接受這結果。

親權、監護權依舊判給了爸爸，審判結束後我就想著「到目前為止做了什麼事」，突然在走廊上看著窗外發呆的媽媽問到：「律師，我做得好嗎？」我看著她在法庭裡把孩子拱手讓人，庭外問這句話的模樣實在很令人生氣，因為不是經濟上的壓力而擔心孩子受苦，因此才放棄的，而這案子也就這樣結案了。一年後，我接到某位律師的來電，才知道那位媽媽當時雖然放棄了監護權，但依然無法把小孩送回去，又輾轉到其他間律師事務所。

這起案件讓我們學到的東西，遠遠多過書中所學的。律師有可能永遠不清楚真相，以及委託人的心口不一，即便律師站在委託人這一方，還須以各種觀點來對應眾多的可能性。到現在為止，只要一想到十年前的這起案件，就會記起那時候的教訓。別用我的立場去判斷委託人的處境，事件的真相可能沒有人知道，僅只能做好這過程中律師的重要角色。

# 陌生的妻子

她是我的戀人

她揹著書包清新可人的模樣，
到現在還歷歷在目

她是我的新娘

穿著潔白的婚紗，
望著我的樣子就像天使

她是我的老婆

把孩子抱在懷裡，
幸福又讓人心疼的樣子

和妳共度了這麼長的時光，
我以為我很瞭解妳

以為一切都很自然

但是為什麼，最近妳···

會這麼陌生

老公～我去
工作室囉～

週末還要去上
班真抱歉～
抱歉～

艷麗的妝扮，說不上哪裡
變漂亮的感覺

幸福開朗的表情，異常陌生的臉

我都知道，內心深處很清楚

只是我到現在還無法接受

妻子外遇的事

是真真實實的外遇證據

令我衝擊的是下一則訊息

妻子大方承認了她的外遇行徑

就這樣開始進行了離婚訴訟

妻子和情夫的互動如同真的夫妻

情夫也接受了巨額的賠償金

金澈秀先生需賠償原告全民洙先生5千萬韓元（約台幣139萬）

是，我知道了

不知道他們兩個是否帶著決心來的，都遵從法院的意見，都不辯駁

好，我會照做的・・・

是

是

不過・・・

你，你說我沒辦法扶養兩個小孩・・・？

為什麼？孩子們理當不是應由媽媽來扶養嗎？

孩子們都是爸爸照顧居多，離婚事由也在被告方

因此決定由爸爸來扶養

被告（媽媽）深深相信監護權會對我有利

泣不成聲的被告
跪在地上求著

看著這場景的法官大人說話了

離婚案件就這樣結案了

對孩子來說，比起「媽媽」或
「爸爸」，更需要的是監護人

# 想依賴的人只有我

那時我才知道

事情有多嚴重

在收到離婚訴狀的時候,才知道老
婆已經改變了

周遭朋友在說的時候，我應該要
認真聽進去的

勇洙，妳太太一直說跟你過不下去，你別以為是開玩笑

照顧小孩真的很累，容易得憂鬱症

是的前輩，我知道了！

但我老婆能夠依靠的就只有我而已！她哪都去不了～哈哈！

丈人及丈母娘都過世了

她在懷孕之後就離職了

當然，老婆是我的女人

也是我孩子的媽

一想到我老婆

在這世界她能依靠的

就只有我而已

不管我怎麼道歉，她都不聽

她完全像鐵了心似的

她大概打算去住套房

我也知道沒有其他人能幫她，
她獨自一人是要如何生活啊？

實際上，有許多女性在離婚後就會成為「極貧者」・・・

要是財產不能分配到充裕的金額，大部分生計會出現問題・・・

是・・・

有人曾說過這樣的話

離婚等於在社會上死亡一樣

我真的很擔心她和孩子・・・她真的堅持要離婚・・・

那種決心對一個人來說・・・

只是說出「我會努力的」這種話
太過空虛了

知道了～下次我會做

我也～正在努力啊！！

・・・・・・

站在太太的立場，或許是之前這種話也
聽過很多次了吧

他做了很多的努力，
之後離婚訴訟中止了。
不過訴訟還是可以再次審理，雖然不
知道往後的事會變得怎麼樣，
但他沒有忘了那時的痛苦，
因此做出了改變，
只希望能夠維持一個幸福的家庭。

# 在家庭中被忽視的人

　　進行離婚訴訟時，經常遇見被其他家人忽視的人。
這些人都是為了家庭不分晝夜辛苦地工作，無法好好陪伴
家人，也因此遭受到家人的疏離，甚至被要求離婚。站在
家人的立場，他永遠把工作擺第一而忽略家庭。但站在當
事人的立場，是為了家人的衣食無缺而不分晝夜地工作，
這些人在某個瞬間發現自己像個「外人」，被家庭排除在
外。

　　為了在叢林般的社會中生存，拚了命的賺錢，不但
沒被感謝，反而已成年的子女還會說「這樣付出是必需
的」，用情緒勒索對方。之前遇到一位委託人，因為付不
出孩子研究所和就業培訓的費用，就被家人視為無能的
人。這時若離婚，在外工作的委託人與子女間的關係僅剩

下隔閡，身邊沒有半個人，反而其他家人的關係依然存在。

許多委託人傾訴養兒育女也沒用，以及至今整個人生被否定的心情。「離婚後的探視，父母能比現在更常看得到孫子」，有位年輕委託人這樣無力地說道。這家庭受到岳父家的幫助，因此家庭重心卻漸漸轉為「娘家」，家庭的日常不分平日週末，都被娘家的事塞得滿滿的。週末更不用說，妻子認為回娘家很正常，她非常討厭公婆來到家中，連給他們看孫子都很反感。

使關係破裂的錯誤可能是來自某一方，在過程中漸漸累積各種矛盾，才演變到這地步。在這矛盾的過程中，如果有人感到被冷落，那麼這個家就無法維持，就像是用來隔離的柵欄，因為上面破了洞，柵欄就會喪失它原本的作用。

# 著色練習

因婚外情展開的訴訟，
接受進出飯店行蹤的質問

對方的回答聽起來就很荒唐

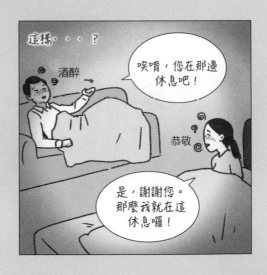

還有人做了這種辯論

其中還聽到某個辯論，讓我不得
不懷疑自己的耳朵

明眼人都看得出來是辯詞，但也
好過什麼都不做，所以很認真地
主張自己的立場

判決結果當然是要給付撫慰金

想像著委託人看著對方
說出這種辯詞的心情

連我都忍不住苦笑起來

Chapter3

相遇是選擇，
離別是決心

# 極力爭取孩子監護權的夫妻

某天來了一位想要離婚的委託人

幾天後，接到委託人的緊急來電

那時我和媽媽、女兒一起在
餐廳裡吃飯

-幾天後-

律師！是我！

是的，怎麼了嗎···？

我女兒現在在我這裡

是嗎？！您先生帶她過去的嗎？

不是，是我從公園帶回來的

什麼？

我家女兒很愛玩球，每個週末都一定要帶她去玩

啊，在那邊！

沒意外他們一定會到附近的公園玩，於是我週末就在公園潛伏著

哎唷，我的小公主！

妳不把球給爸爸，給大樹爺爺啊？

滾滾滾···

我趁孩子他爸去撿球，視線離開的時候···

把孩子帶回來了

幾天後她先生向她提出刑事告訴

雙方都被提告的狀態下，彼此都為了想爭養
孩子而持續針鋒相對

委託人和家人們的生活
也變得相當疲憊

然而某一天，孩子從托兒所下課在
準備回家的路上

孩子的爸爸從他岳母懷裡
強行帶走孩子

媽媽再度以誘拐未成年的罪名向先生提告

最後這個案子法官將孩子判給媽媽而結案

2.在刑事審判中，對被告者僅作刑責之宣告，而暫緩其刑罰之宣判；被告者能在宣告之間內不再犯，則可以撤銷其刑事責任。

## 誰也不想扶養孩子

監護權是重大事項

許多父母為了不想失去孩子，
都盡力滿足對方的期待

有人會為了孩子而放棄扶養費

也有人會為了孩子而放棄財產

也有人會讓對方經常去探望孩子

而有人是把自身全部的財產給對方

在這種情況下，律師只能提出委託人想要的條件

不過，也有相互推託孩子的情況

夫妻相互把孩子推給對方

多次把孩子放到對方家門口

我實在看不下去，想試著說服他們，但雙方都堅持自己沒辦法養

某一天，先生突然住進精神病院

他應該是聽說精神病患不能扶養孩子，
才突然這樣做

判決結果由媽媽扶養孩子，我只要突然想到
這件案子，內心總是百感交集

# 另一半虐待我的貓咪

太美味了!

能好好享受心情真好

沒什麼,應該要常做給妳吃的···

謝謝

哦?是妮拉啊!

來這裡~來媽媽這邊~

觀察

來吃零食!

老公為了我們也很努力

經常加班晚回家的他，也都會在餐桌擺一樣我喜歡的東西

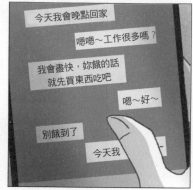

那時我老公一進門

妮拉就在我懷裡尿尿,
之前從來沒有過

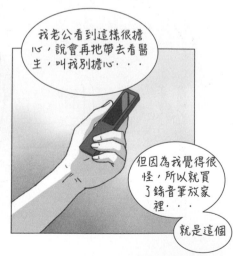

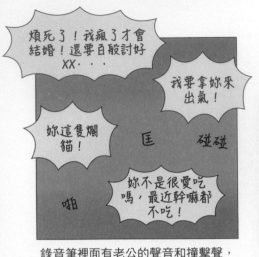

錄音筆裡面有老公的聲音和撞擊聲，
貓咪受虐的情況全都錄進去了

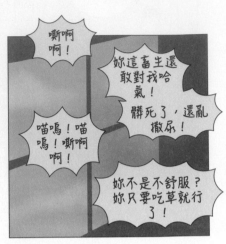

在離婚訴訟中，因被告虐待貓咪為
離婚事由

委託人和寵物終於可以安心過著幸
福安定的生活

**你應該要知道的家庭法律常識**

Q.配偶虐待動物，能以此為由訴請離婚嗎？

A.最近很多人都把寵物當做自己的子女在養，其實如果對方有虐待動物的傾向，光這
樣也是件很驚悚的事，因為當我視如己出的寵物遭到虐待，就會完全失去對配偶的信
任，因此可以做為離婚事由。韓國民法第840條有寫到離婚事由，自己飼養的寵物遭
受虐待，即符合「第6項難以維持婚姻生活的重大事項」，這是失去彼此間的信任之行
為，所以能夠訴請離婚。

# 小狗探視權

我忙得不可開交，回到家也都很晚了，所以和妻子也沒太多的對話

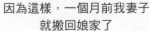

是這樣啊！可以駁回的嗎？

離婚訴訟一般要花多久時間？

根據情況會有所不同，大約6個月左右

6個月？在那之前我都看不到我家小寶了嗎？

啊！您有子女嗎？

妻子離家出走時把牠也帶走了···

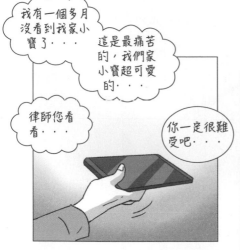

我有一個多月沒看到我家小寶了···

這是最痛苦的，我們家小寶超可愛的···

律師您看看···

你一定很難受吧···

這是我家小寶

很可愛吧？

委託人為了挽回妻子的心，
也開始努力

還閱讀與恢復夫妻關係的相關書籍

但妻子都沒有回覆，他仍不斷傳簡
訊給妻子

然後終於到了初次調解日！

過了幾個月委託人和他妻子
終於見到面了

不過因為委託人太想念狗狗了···

想問您是否能讓他一週探望一次狗狗呢？

嗯，他把牠當作孩子養，不讓他看是殘忍了些

說實在的，我家小寶太可愛了···

如果太太您也這麼想，就讓先生每個月3次

每個週末都能探望狗狗

法官大人，謝謝您！

就這樣，委託人可以去探望小狗了

委託人為了獲得妻子的原諒，
努力地挽回

就這樣過了3個月，
終於傳來了好消息

律師，我老婆說她不跟我離婚了！

啊，真是恭喜您！

謝謝您律師！

趙仁涉

這案件最終以不離婚
畫下完美的句點

律師，上次讓委託人探望狗狗的法官

原來他是愛狗人士呢

是嗎？

這是他通訊軟體上的大頭照，哈哈！

天啊～呵呵呵！

我非常感激這位能夠理解愛狗人士的立場，
並且賢明判決的法官

# 胳臂向內彎1

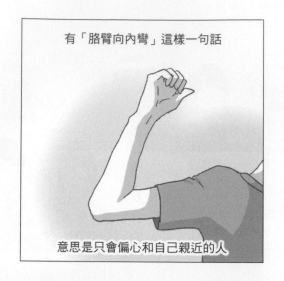

有「胳臂向內彎」這樣一句話

意思是只會偏心和自己親近的人

我從事律師這份職業後，常常遇到
令我想起這句話的情況

律師，您好

是，您好

我是為了
我兒子來
的‧‧‧

他今天有事
來不了

嗯，原來是這
樣‧‧‧

怎麼覺得好像
該做好心理準
備‧‧‧

我媳婦吵著要離婚，說什麼老公沒有責任感，實在是・・・

一開始我就不喜歡她，她非常不懂得體諒，把家裡搞得烏煙瘴氣

是・・・

感覺不太好呀・・・

這樣啊・・・請問是因為什麼事要離婚嗎？

是因為婚後有些不愉快的事才這樣，

那女人很不善解人意，而且過去的事還一直提！

是・・・看來很在意吧・・・

那・・・請問是什麼事呢？

법무법인
신세계로

這種時候真的很頭疼

## 胳臂向內彎2

這次是來了一位上了年紀的男性

您好，律師！我是為我女兒來的

是，請進~

哎呀呀~

我女兒嫁錯人了

現在吵著要離婚

是~

不過我反而覺得正好！

這婚事我一開始就很反對

我覺得對方才有問題，身邊的人也認為是對方的錯！

感受到了···胳臂向內彎···

是有什麼問題嗎？

都是因為那小子

能請您具體描述嗎？

胳臂太過向內彎，身為律師的我真是難做啊

# 胳臂向內彎3

這次是代替弟弟來商談的姐姐

律師～我弟弟收到訴狀了

弟媳寄來說要離婚

原因是我弟打了她，

還去醫院開驗傷證明

不過我弟弟他・・・

不可能會打人的啊！

是・・・

弟媳很沒教養

只要一點小事不順她的意，就大呼小叫！

我弟又不是死人，不可能不反擊

家人代替委託人來的時候，
就會時常發生胳膊向內彎的事

只有和當事人見了面，才會聽到許
多被隱瞞的細節

每個人都複雜的經歷，都是難以
輕易歸咎對錯的人生故事

偶爾也有目中無人又自私的委託人，
令律師陷入「苦」境

## 荒謬的電話

某天，我一如往常地工作，
這時事務所響起了一通電話

來電者是一位上了年紀的律師

看似困難的律師世界，有時很難推托委託人的請求

## 因為遠道而來就要聽你的？！

到了離婚調解的日子

人都到齊了，接著開始進行離婚調解

今天是針對財產分配的調解

財產分配是要調解，但是

調解的內容需要對我們有利

認真

# 我不會輸的！

如果在庭上辯論時，律師們之間會產生微妙的氣勢較勁

不過偶爾也是會碰到為了強壓

或削弱對方的氣勢，表現出誇張行為的律師

原告席　　被告席

出現了！想用口才取勝的律師

원고는 피고에게 이러이러한 손해를 끼치고 이러이러한 고통을 준 것은 사실이나 그것은 사실 이러이러한 일들이 있었기에 벌어진 일이므로 원고에게 그 모든 책임을 전가하는 것은 사리에 맞지 않으며 그 이러이러한 일들을 저러저러한 이유들로 ～～～～야 하는 것이지 그것을 가지고 지금처럼 ～～～～에게만 잘못을 묻는 것은 매우 잘못된 것이～～～～과 현실을 전혀 배려하지 않은 것이며 그～～～～원고의상황을 배려하여 다시 ～～～～피고는 상황을 본인에게 유～～～～하여～～～한 말은 숨기고 저러저러한 일～～～고～～～～은 사실이 맞기는 하지만 사～～～～숨기려는 의도가 다분하다～～～～로 현재 이 재판에서 이러이러 저러저～～～～내가 우연히다튠그 날이우워 너와내～～～없고 날 피하는 것같아 그제서야 난느낀～～～이잘못 되있는걸

那位女律師的辯論持續用這種方式

只要我一結束精簡的辯論後

她就迫不及待等著‧‧‧

說出一連串的話

看來她想用這種方式壓過我‧‧‧

結果那場判決由我勝訴

離開的時候還能聽見對方的謾罵

XXX，還有這種見鬼的情形嗎？

律師是辯護的人，不是壓迫和辱罵別人的人，
雖然聽到不是很開心，但我用勝訴的喜悅來平復心情。

# 小氣的先生

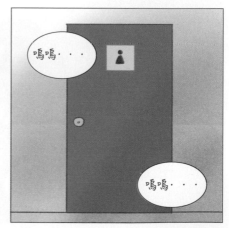

我很喜歡他認真工作、陽光的模樣

在他的聰明細心下，我也很依賴他

和他結婚的時候大家都很羨慕

結婚起初我也不曉得

我以為這是他疼愛我的方式

不過開始每天一點一點變得誇張
起來

連小事都一定要順從他的意見才行

這種情況變得越來越嚴重

3.在韓國點炸雞來吃，點「半半」炸雞是指可以選擇二種口味，大部分都是原味再加上醬料炸雞。

老公對於節約的執著變本加厲

吃少一點！

照妳這個吃法會胖的！！

還到了連飯都無法好好吃的地步

也沒在上班，只會在家吃飯···

還吃那麼多···

……

妳一天吃兩餐就夠了

雖然委屈，但他大概是工作壓力太大，變得較敏感

不過情況卻沒有好轉

妳今天要去健身房吧？

嗯～

在那裡洗好澡

大小便上完再回來

看到這些很受傷也很生氣，即便這樣我還是忍著

……

297

但是老公又變得更加過分，開
始對我挑三揀四

不用的電器插
頭要拔掉！

開關是關
著的

叫妳拔就拔！不
可以插著！

到了這程度我也忍耐不下去了

拜託你克制
點！你對我
太過分了！

也不讓我好好
吃飯！

你根本就沒把我
當人看吧！

當我說了這些話，他卻打了我

妳頂什麼
嘴！

欠打！

因為被打了，我才會來這裡···

真的辛苦您了···

原本還能忍耐的，直到被打了才不想再忍了

這樣根本沒辦法生活

雖然事後老公有請求原諒，不過我們已經回不去了

判決宣布原告和被告離婚成立

老婆，是我錯了，請原諒我！！

老婆！老婆！妳真的要離婚嗎？

······

女兒多吃點，這裡還有雞腿

妳還想吃什麼？

呵呵···不用了～謝謝媽！

希望歷經痛苦的委託人，
往後都有幸福的人生

## 不要臉的外遇

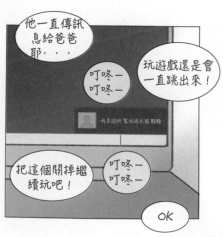

302

他一聽到那名字

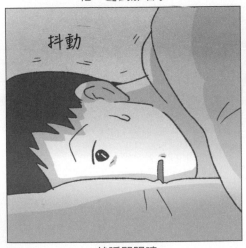

就睜開眼睛

我準備睡覺時，有人傳私訊給我，
問我過得好嗎？還寄朋友邀請

所以我點進去看是誰，我看了之
後手一直發抖

她一直上傳和我老公的合照

整整一年了

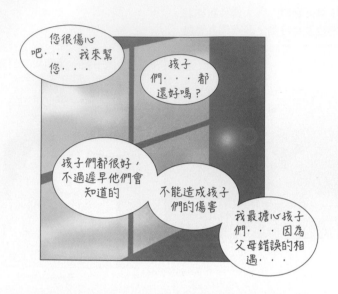

當我看到委託人想起孩子時
那不捨的神情

就令我想起過去一件心痛的案件

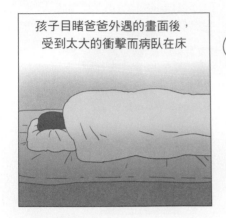

孩子目睹爸爸外遇的畫面後，
受到太大的衝擊而病臥在床

律師···小孩連
學校都無法去，飯
也不吃，一直躺在
床上

我好難過···
真希望生病的人
是我···

您一定很辛
苦···請問
情況是？

孩子聽到我老公
和小三在講電
話···

她還錄了下
來···

嗯···
這樣啊！

聽到那些淫
穢、下流的話

很多令孩子受到衝擊的對話

和小三的下流情話、對妻子的
毀謗，甚至還說了孩子的壞話

還向小三抱怨小孩的問題

我女兒最近長
大了，都不怎
麼聽話了～

而且長得既不漂
亮，也不會念
書，以後要怎
麼辦？

哈哈，幹嘛這
樣說自己的
女兒

如果能像美淑一
樣，又美又乖巧
就好了！

媽媽···爸
爸好像有外
遇···

靜延···

爸爸對那女人說
了媽媽和我的壞
話···

孩子邊哭泣邊說著

如果爸爸丟下
我們去找那個
女人怎麼辦？

和那女人生的孩
子會比我聰明漂
亮嗎？

對孩子來說，是很大的傷害，我絕對
不能原諒我老公。

決心要離婚的委託人，
依舊堅持進行訴訟

因為老公的過失太明顯，
判決結果是離婚成立

雖然財產分配、監護權、扶養費
等一切問題，都透過審理來解決

但孩子已經受到傷害，那個傷害
太大了，相當令人心痛

這次是委託人擔心總有一天，
孩子會知道事實

孩子們總有一天會知道，所以我來找專家諮詢

我不會倒下的，我會好好扶養孩子的

幸好，還有準備的時間

是！您的想法很好

讓孩子沒有一點陰影的健康地長大

我會盡全力，不讓他們受到傷害

是，一定可以，我相信

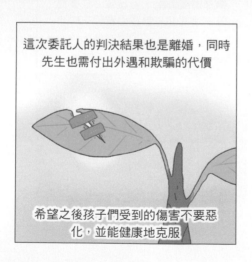

這次委託人的判決結果也是離婚，同時
先生也需付出外遇和欺騙的代價

希望之後孩子們受到的傷害不要惡
化，並能健康地克服

## 離婚前的社群狀態抒發

許多人並不想讓外界知道，
自己正在進行離婚訴訟

好的，看來您很擔心，會在意是很正常的

法院很快就會判決了，再堅持一下

每到那時候，我就會安慰委託人

不過雖然說不想被發現，當事人卻總是自己露出馬腳

啊？

律師 趙仁涉

但卻表現在社群或是通訊軟體
的狀態上

就像挑釁對方一樣，在狀態訊
息上較勁

也有人表達出內心的無力感

常常藉此表達出自己的心情

離婚事件很痛苦、也很辛苦，
也會害怕周遭的眼光

不過一方面又想表達出自己的想法，
這就是人啊

## 說一套做一套的那些人

在做離婚諮詢的時候，會遇到一
些心口不一的人

說著絕對不會離婚的這位

在不久前才透過搬家公司，把行李
全寄到老公上班的地方

還有一位也是說著不會離婚

也不給妻子生活費

說著不離婚的人，卻跑到老公
的職場去亂

有人說不離婚，卻提出刑事告訴

雖然我都會努力地理解他們，但心
口不一的時候，我也很難做啊！

## 被娘家冷嘲熱諷的婚姻

孩子出生已經一年了

人生全部的重心都轉到孩子上

為了育兒，我們還搬到娘家
隔壁住

老婆和小孩都待在娘家比較多

即便辛苦工作一整天，但一看
到孩子後，我的疲勞就消除了

住娘家這件事漸漸變得疲累

到娘家的每一天都被做比較···我漸漸害怕去娘家了

唉···

不知是不是有陰影，回去前身體都會發抖

結果我鼓起勇氣，向妻子說出了我的心聲

老婆

嗯？

我···有話想說···

對不起，我能力不好，總是讓你很辛苦···不過

妳能在我下班之前回到家裡嗎？一直去媽家，我感到很不方便

我以為妻子能理解我，但卻聽到我
意想不到的回答

我是先收到妻子那邊寄來的離婚文件

孩子也丟給我就走了‧‧‧

我等了好多天，妻子都沒有回來，我就帶著孩子到岳母家去找她

孩子看到媽媽很高興的伸出手

但妻子完全不理孩子

不用離婚的委託人，
向我道謝後離開了。
不過，之後過得是否幸福，
我的內心仍然非常擔憂。

# 傷心欲絕的孕婦委託人

律師的工作就是會常常聽到許多
令人心痛的故事

有的孩子遭到虐待

生活都無人照料，就放任孩子不
管，甚至怕被發現就把孩子藏起來

諸如此類的故事

都讓我感到很心疼

挺著大肚子來到事務所的人們

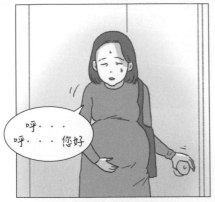

呼・・・
呼・・・您好

我沒有登記結婚，也沒舉辦婚禮

以事實婚姻[4]，關係同居

我來是因為不想這樣過日子了

---

4.沒有登記結婚，因此法律上不承認的婚姻，但實際上是有婚姻關係的夫妻。

我都有孩子了，但是他卻說不可能

說怎麼知道是他的孩子，搞不好是別人的

在這種情況，就算孩子出生，也會變成私生子

嗚・・・我該怎麼辦，律師・・・

類似這種情況的事件，比想像中的還要常發生

對方說做了親子鑑定後，
才能入戶籍

厚厚一疊・・・

還要經過「確認親子關係訴
訟」才能入戶籍

孤立無援的獨自帶著孩子，
承受著極大的壓力

無疑對孕婦和胎兒都有不好的影響

在這樣的壓力下誕生的寶寶，
就很有可能會有健康上的異常

唉唷・・・
孩子他

帶有皮膚病
啊・・・

有些孩子會嚎啕大哭

嗚嗚哇！！

嗚嗚哇！！
哇哇！！

孩子出生後

即便登記入戶籍了

爸爸也對妻子和小孩漠不關心

所以也都不去看孩子

讓我來告訴您，法律能夠怎樣保護你，

離婚或不離婚，都有不同的法律程序，我會盡量協助您的

好，謝謝您‧‧‧

我努力向委託人說明法律的部分

即便向她說明，但這種情況下產生太大的壓力，心情一直不太好

看著結束諮詢、離開事務所的委託人的背影，感覺真的很無助、很沉重

# 試管嬰兒

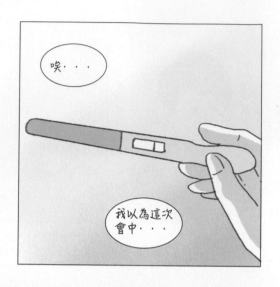

結婚好幾年了，我們夫妻都沒有
成功懷孕

我們夫妻很想要小孩，特別是老公
真的很渴望有個孩子

因為一直懷不了孕，夫妻倆
才想到做試管嬰兒

兩人向公司請了一天假，一起
去了醫院

做試管嬰兒的人比想像中還要多，
還要時常去醫院接受各種檢查

還必須在肚子上打針

取卵比想像中的還要辛苦

麻醉退了大概會很痛吧

就這樣一邊跑醫院、一邊上班

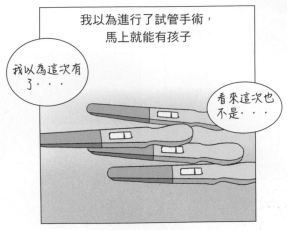

我以為進行了試管手術，
馬上就能有孩子

一直沒有懷上孩子

最後我決定離職，
專注在健康管理上

我真的是盡了最大的努力

・・・結果我還是來了這裡・・・

您一定很辛苦吧・・・

過了幾年也都沒有懷孕

・・・・・・

・・・・・・

我和老公的距離也漸漸疏遠，從某個時候開始都沒有交談

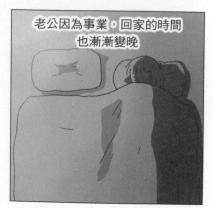

老公因為事業，回家的時間也漸漸變晚

就像陌生人一樣的日子，維持了好長一段時間，我們夫妻的緣分似乎也到盡頭了

對於離婚我沒有不滿，只是太不公平了・・・

離開了職場，也因為做試管身體都搞壞了，

而老公卻好好的在自己的位置上，而我呢・・・

委託人和她先生最後是
以協議離婚收場。
並不是誰犯錯或有什麼離婚事由，
而是在無可奈何的情況下
導致離婚，
真是令人感到惋惜。
縱使現在感到空虛、傷心，
我真心地祈禱，
希望委託人在往後的人生，
能有幸福的事降臨。

# 結婚是選擇，離婚是決定

在寫離婚訴狀時，夫妻兩人從如何相遇到結婚，步入婚姻生活和決定離婚的過程全都要敘述出來。從透過熟人介紹認識結為夫妻，或是透過相親交往幾個月後結為夫婦，也有和父母親選擇好的配偶結婚，還有藉由婚姻介紹所、同好會、夜店或網路交友、旅遊認識而成為夫妻……，真的是有各式各樣的方法。案件進行時也會看到他們結婚典禮的照片，裡面的人都表現出獨一無二幸福的模樣，而這樣的夫妻也會經歷各種糾葛而選擇離婚，最終來到事務所尋求律師協助。

因各種條件結為夫妻，如果條件不富裕就會成為糾葛的種子。還有買房的條件，對方若不以配偶名義購入，而是登記在自身名下，或是因為房子不是位於想要的社區而產生爭吵的情況。

也有人在還沒認清對方前就結婚，並在接觸到對方婚後展現的樣子而離婚。就算沒有很大的糾紛，小小的糾紛在層層累積下也難以解開，導致性格差異想要離婚。最近也常看到年輕夫妻一旦自我判斷是「不幸福的婚姻生活」，就會即時整理婚姻生活。上了年紀的夫妻也會想要在餘生一個人開心的過，而選擇黃昏離婚或畢婚。

辦理了許多離婚案件，我明顯感受到人們為了幸福而結婚和離婚。人們想脫離寂寞，就去找尋另外一半，如同結婚，是為了尋求自身的幸福而離婚。只是結婚大家都會給予祝福，離婚大家都會勸阻。世上的人對於離婚普遍存在不好的眼光，資產會因離婚的財產分配而減少，或是以前是全職主婦的情形下，必須要為生計奔波，子女們的養育也必須獨自照料。因為面臨不輕鬆的現實，比起結婚，離婚更辛苦。當每次遇到冷靜思考後下定決心要離婚的委託人，我的腦海裡就會閃過許多想法。

「雖然結婚是選擇，但離婚是決心。」那些下了重大決定、人生邁出一大步的人們，腳步是朝著幸福方向前進。因此希望身邊的人支持他們的選擇，並成為他們精神上的支柱，不管是誰都有追求幸福的權利。

# 婚姻生活裡的珍貴時刻

人生在世，有很多困難要闖

讀書、考試、畢業、就業

當危機到來時，人們時常會這麼想

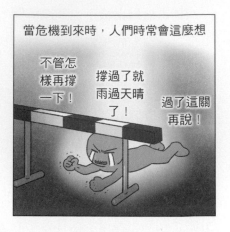

越過了那個危機，就能過上好一陣子穩定的時光

結婚生活也和人生一樣，不斷會出現危機和考驗

也有人在準備結婚典禮之前，就面臨了第一個婚姻危機

準備房子的問題、嫁妝問題、謝禮、禮緞、結婚費用等

許多情侶在準備結婚的過程中，會發生爭吵

在這個過程中許多人會分手、毀婚

也有在辦婚禮前就分手的

跨越了結婚準備階段的情侶，則是在人們的祝福聲中完成婚禮

然而接著是第二個危機

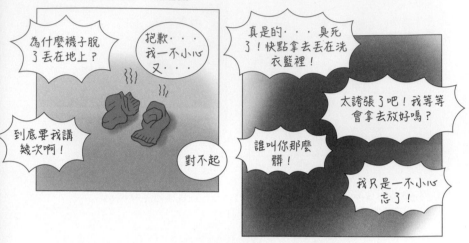

從小事開始起爭執

不過就算是這樣小小的爭執，隨著
時間過去就平息了

相互理解、包容，就會漸漸穩定

這樣相親相愛過生活，
也會有其他危機的到來

懷孕和小孩出生的危機

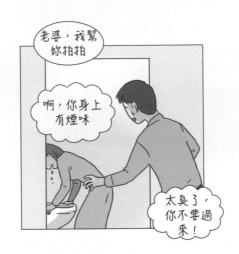

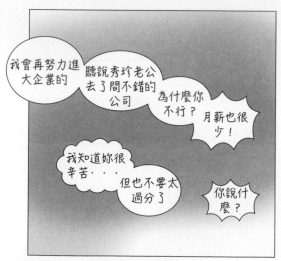

因為第一次經歷懷孕的辛苦，
就忍不住傷害了彼此

一直覺得對彼此很失望

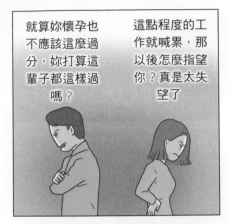

就算妳懷孕也不應該這麼過分，妳打算這輩子都這樣過嗎？

這點程度的工作就喊累，那以後怎麼指望你？真是太失望了

在沉重的現實裡，要是無法度過難關，就會決定離婚。也有人會在懷孕的狀態下決定離婚。

就算平安生產完，也會有新的爭執，
從產後月子中心費用開始

天啊，月子中心怎麼這麼貴？

哪裡貴，這算中等價位的

在家休息就好了，一定要去嗎？

你就捨不得花在我身上嗎？

對獨自育兒的女性來說，
容易得到產後憂鬱症

有一方的父母幫忙照顧子女時，也
很容易產生許多爭吵

在子女上了小學之後，
面臨倦怠期的夫妻

因為外遇問題而找來事務所

還有因經濟所產生的問題，
無法克服性格差異等問題持續發生

和許多人商談後，他們都決定忍到
孩子成年

當跨越了這些時期，輾轉迎來的是
人生的晚年

退休的老公在家時常產生爭吵

因為想好好輕鬆過日子，所以來到
了離婚事務所

很多人會在老了，選擇熟年離婚

身為離婚律師，會接觸到許多的故
事，婚姻生活會遇到的危機，
並沒有結束的時候

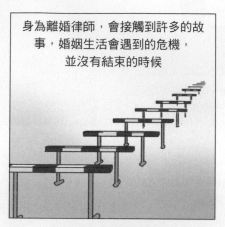

從步上紅地毯那刻起，
一直到人生結束的那天

能夠跨越這些危機的力量，
就是相互關懷與信任

而不是單方面的犧牲，如果彼此都能
相互理解，就能克服一切辛苦和危機

# 相遇是選擇，離別是決心
## ——王牌律師的離婚案漫畫日記

作者／趙仁涉 插圖／朴恩禪

| | | |
|---|---|---|
| **作　　　者** | 趙仁涉 | |
| **插　　　圖** | 朴恩禪 | |
| **總 編 輯** | 于筱芬 | CAROL YU, Editor-in-Chief |
| **副總編輯** | 謝穎昇 | EASON HSIEH, Deputy Editor-in-Chief |
| **業務經理** | 陳順龍 | SHUNLONG CHEN, Sales Manager |
| **美術設計** | 楊雅屏 | Yang Yaping |
| **製版／印刷／裝訂** | 皇甫彩藝印刷股份有限公司 | |

## 出版發行

**橙實文化有限公司** CHENG SHIH Publishing Co., Ltd
ADD／桃園市大園區領航北路四段382-5號2樓
2F., No.382-5, Sec. 4, Linghang N. Rd., Dayuan Dist., Taoyuan City 337,
Taiwan （R.O.C.）
MAIL: orangestylish@gmail.com
**粉絲團** https://www.facebook.com/OrangeStylish/

## 經銷商

聯合發行股份有限公司
ADD／新北市新店區寶橋路235巷弄6弄6號2樓
TEL／（886）2-2917-8022　FAX／（886）2-2915-8614
**初版日期** 2022年7月